東瀛萬花筒

顏帥 著

自序

二〇二四年一月，在女兒協助下，抱著試水溫的心情，出版了生平第一本書《扶桑悠游錄》，意外獲得一些朋友與讀者的熱情回應，還榮幸上「中廣流行網」節目，接受廣播名人趙庭小姐的訪談，實屬無心插柳，始料未及。在大家支持動能下，我繼續整理以前臉書的短篇雜文，彙整成第二本書，定名為「東瀛萬花筒」。這本《東瀛萬花筒》延續以往編輯風格，區分為「東京生活札記」、「清酒小故事」與「三千里路雲和月——旅路抒懷」等三部分，共九十餘篇，總字數六萬字左右。此外，為回應多數讀者的期待，本書中每篇文章均附上圖片，俾讓內容顯得更為活潑與生動。記得曾經在哪裡看過這樣的一段話：「假如你去一個地方旅遊一個月，你可以寫出一本遊記；如果去旅行一年，你可能寫出一篇短文；假如你在一個地方住上三年，你可能什麼都寫不出來。」的確，當你融入你居住的城市或地方，一切都變得自在自然，難以發現這城市或地方與眾不同，當然就無從下筆了。

本書「東京生活札記」與「三千里路雲和月——旅路抒懷」兩部分，是筆者一步一腳印、一枝草一點露，將這些年旅居東京的日常生活體驗，以及赴各地旅遊見聞的心情感觸，透過臉書即時、如實地記錄下來。至於「清酒小故事」則多屬「以酒會友」的職場軼事，以及平日品飲清酒的一些小心得，希望藉此分享給喜歡日本清酒的朋友們。日本有一句諺語「旅は道連れ世は情け」，中文的意思是：「外出靠旅伴，處世靠人情」。感謝這些年來，內人仕德陪伴我走過日本大江南北，感謝每一段旅路中邂逅的每個人，讓我的旅遊行程增添了許多溫度，也感恩日本壯闊綺麗的自然風光，豐富了我的旅遊紀錄。這一本札記也可以說是我的回憶錄，未來只要我的筆沒禿，只要身體還走得動，我會一直地寫下去。

顏帥

二〇二五年初春　於北投達觀園

目次

七味唐からし
根元 八幡屋礒五郎

輯二 清酒小故事

輯二 三千里路雲和月——旅路抒懷

輯一

東京生活札記

坂道記行

人生は重荷を背負うて遠き道を行くが如し
（人生如負重行遠）

——德川家康

大學時，在某一篇文章中，無意間看到上述德川家康的家訓，覺得很有意義，就把它當成是自己的人生座右銘。正好當時被賦予日文系班刊編輯的責任，於是將我們的班刊取名為《坂道》。坂道就是坡道的意思，藉此相互勉勵效法德川家訓：任重道遠、堅忍不拔。

東京屬於丘陵地形，地勢起伏，坂道隨處存在，可以說是坂道之都。根據統計，東京廿三區（不包含市、村）有賦予名稱的坂道，共七四〇個。其中，港區最多一一八個坂道（主要集中於麻布十番後方的麻布台），文京區次之，計有一一七個坂道。

我喜歡探訪都內的坂道，在多數坂道都曾留下足跡。東京的坂道，各有其背景故事，名稱也非常具浪漫詩意，坂道周邊不乏景點，如：港區乃木坂的「乃木神社」、六本木櫸坂的「六本木之丘」、麻布仙台坂的「麻布十番」、桑原坂的「八芳園」、行人坂的「雅敘園」等等。

乃木神社祭祀著為明治天皇殉死的乃木希典大將夫婦，仙台坂緣於伊達政宗仙台藩的宅邸而命名，八芳園及雅敘園則是標榜與自然和諧相容的日式庭園，也是讓多數年輕人驚豔與趨之若鶩的結婚式場。

最近幾年來，東京的「都心散策」非常盛行，隨時可見三三兩兩的遊客探訪各處坂道，很多「坂道迷」團體及介紹坂道的書籍，也紛紛出籠。每條坂道都有其故事背景，透過探訪坂道，可以一窺相關的古早史實。不過，也由於都內散在諸多或長或短的坂道，無論陡坡、緩坡，對於熱衷自行車的騎士或喜歡健走的人，都是一項不簡單的體力挑戰。

港區白金住家附近的「三光坂」

三光坂
SANKOU
ZAKA
30

再見！築地

東京築地市場已遷至豐洲新市場正式營業。築地市場從一九三五年開市以來，超過八十多年歷史，是東京十一座中央批發市場之一，也是日本最大的魚市場。

築地市場包括二區，一為批發區（場內市場），一為場外市場商店街（保留現狀，不搬遷），包括海鮮零售、南北雜貨及餐館，特別是壽司店。

為了趕在舊市場遷移前做最後的巡禮，我們在東京都議員T先生的安排下，於八月某日清晨四點左右，隨著T議員深入考察築地市場，體驗內場工作狀況。因為業務保密關係，不允許我們像一般觀光客任意拍照，實屬美中不足。

在商家引導下，觀摩了海膽及鮪魚競標現場。據了解，除海膽、鮪魚，築地還有活魚及蝦類等四處競標場。商家還簡介競標的祕訣與手勢，因為競標工作人員耗費體力，所以每隔五至十分鐘輪班。至於競標剩下來的魚貨，中盤商會折價賣給零售商。

為保持魚貨鮮度，競標到的魚貨得迅速送出，市場內的專用小貨車，不停穿梭場內大小走道間，成為非常奇特的風光。而在參訪各商家時，得小心翼翼免得被撞傷。其次，場內水泥通道處處積水及化冰，走起路來有些不便。

築地市場原預定於二〇一二年遷移至江東區東京瓦斯工廠舊址的「豐洲市場」，因環評發現新市場土地及地下水均受到汙染，引起諸多爭議，後來決定於二〇一六年十一月啟用。小池百合子二〇一六年當選知事後，宣布市場延期搬遷，直到二〇一七年十二月底，才正式決定於二〇一八年十月搬遷。參訪結束後，我們在市場邊的「岩佐壽司」早餐。T 議員私下透露，舊築地市場因為立地條件優，土地完整、交通便捷，東京都政府研究將進行再開發，希望成為繼「汐留」外的第二個臨海副都心，屆時會讓築地展現新的都會風貌。

築地一隅

漫畫街道櫻新町

搭東急「田園都市線」從澀谷出發，沿途行經第五站，就是「櫻新町」。這個「田園都市線」沿線的一個普通小鎮，因為漫畫家長谷川町子所創作的『サザエさん』漫畫而聞名。櫻新町被稱為「サザエさん之町」。

長谷川町子是九州佐賀人，後舉家移居東京，並開始

『サザエさん』登場角色

學漫畫。二戰時町子曾被疏散福岡，戰後至晚年始定居東京世田谷區。疏散期間，町子在福岡的《福日新聞》發表『サザエさん（海螺小姐）』，為新聞四格漫畫的第一人，也是日本最早的女性專業漫畫家。

『サザエさん』從一九四六年起，斷續連載至一九七四年。據了解這部漫畫是長谷川於疏散福岡期間，每天在住家附近海邊散步所得到的靈感。所以漫畫登場人物，如サザエ（海螺）、カズオ（鰹魚）及ワカメ（海帶）等，都與海中生物、植物有關，內容獨樹一格。

長谷川町子一九九二年五月，因心臟衰竭病逝，享年七十二歲。政府為表彰她的漫畫對安定日本戰後社會的貢獻，特別頒授予「國民榮譽賞」。長谷川生前在櫻新町所創設的「長谷川町子美術館」，目前仍定期展出町子的漫畫原畫及為數不少的美術收藏品。

從櫻新町車站一出來，就彷彿置身於サザエさん的漫畫世界。除了馬路兩旁豎立幾座サザエさん家族的雕像外，欄杆亦崁印著サザエさん家族人像。而通往「長谷川町子美術館」街道，也稱「サザエさん通」，整個櫻新町被稱為「海螺小姐（サザエさん）之町」，實不為過。

我不知道『サザエさん』這部連載漫畫有沒有在台灣發行。有人將它譯成「海螺小姐」，サザエ雖然是海螺的日文名，但做為漫畫的書名，總覺得不對，似乎失去原汁原味。

繡球花開時

何年植向仙壇上，早晚移栽到梵家。
雖在人間人不識，與君名作紫陽花。

——白居易〈紫陽花〉

相傳十九世紀，唐朝詩人白居易擔任杭州刺史，有一天探訪杭州「招賢寺」，偶遇不知名花朵，清新脫俗，彷如來自神祕仙境。白居易讚賞不已，當即寫下七言絕句詩，並命其名為「紫陽花」（台灣稱為繡球花）。

紫陽花夏季開花，花期五至八月，特別是梅雨季節時，正是紫陽花的盛開期，也是梅雨季時日本特有的風物詩。紫陽花的顏色多樣，有白、青、紅、紫，色澤隨著時間產生變化。

紫陽花（アジサイ）原產地為日本。アジサイ一詞，最早出現於《萬葉集》和歌裡，萬葉仮名為「味狹藍」或「安治佐為」。紫陽花對土壤酸鹼值非常敏感，酸性時，花卉呈青、藍色，中性或鹼性時，花卉則呈紅、粉色。

日本有許多觀賞紫陽花的景點，地利之便，我個人推薦的是鎌倉的長谷寺、明月院及成就院，東京都內的白山神社及豐島園、青梅市的鹽船觀音寺等地。

有部分人認為紫陽花色澤多變化，認為它代表善變，所以不喜歡紫陽花，但也有人認為紫陽花特徵是花團錦簇，有團圓的象徵。

無論如何，這個時節的東京街頭，隨處可見一叢叢色澤多彩繽紛的紫陽花，令人嘆為觀止。在櫻花季後，紫陽花來得正是時候！

轉角遇到貍

記不清楚來淺草觀音寺幾次了，每次帶朋友來淺草，大都是參拜淺草觀音、吃吃美食，再逛逛商店街。今天一個人的淺草，也是第一次彎進「貍横丁」來。

這裡是面對淺草觀音寺「雷門」左手邊的一條商店街。小街兩旁，每隔幾公尺處分別設置十一處，共計十二尊的貍神像。仔細繞了一下，右側有：招福貍、愛情貍、大師貍、天神貍、大黑貍等五尊；左側有：夫婦貍（兩尊）、不動貍、地藏貍、小町貍、開運貍、人情貍等七尊。

如同名稱一樣，每一尊貍像，各有主宰的神威。其中，比較有趣的是開運貍及地藏貍。據說開運貍是主宰勝利、發展，也不知道什麼時候起，腹部被摸得銀光閃閃。

有人說，因為淺草有場外馬券的賣場，所以賭客來買馬券前，都會順道來此摸摸開運狸，希望為自己帶來財運。而地藏狸主宰健康及生子運。由於狸像手上握著錫杖，看起來有點像手握高爾夫球桿，聽說有人為了求子，甚至為了精進球藝，還特意跑來摸這尊地藏狸呢！

其實「狸橫丁」商店街，只有二十幾家普通店舖，就因為設了這十二座狸像，使得這不太起眼的商店街，增添了些許的「神」氣，也吸引不少遊客目光，活絡商店街買氣，不得不佩服當地店家的巧思妙案。

順便一提，橫丁是指橫跨主要道路的小街道，漢字也寫成橫町，東京最有名的橫丁就屬上野的「アメ橫（阿美橫丁）」。根據了解，二戰結束初期，物質十分缺乏，東京的新宿、池袋、有樂町一帶，黑市應聲而起，其後逐漸形成「商店街」發展至今。上野「アメ橫（AME-YOKO）」名稱的由來，一說是因「飴屋」多（飴屋橫丁），一說是美國的舶來品多（アメリカ橫丁）。

貍神像

貍橫丁人行步道上的貍圖騰

橄欖球神社

週末天，豔陽高照。趁著送小妹去「三菱一號美術館」看展的空檔，來去附近「丸之內仲通」捕捉假日街景。位於東京車站附近，筆直的丸之內仲通，街樹枝葉扶疏，蔽日成蔭。街樹上，連結掛著一串一串的管線，不時噴出煙霧水氣，讓人有降溫消暑的感覺。

可能是配合二〇一九年九月，日本將首次主辦第九屆「世界盃橄欖球賽」的關係，在林蔭大道上，新添了不少與橄欖球相關的各式創意雕塑作品，琳瑯滿目。

其中，特別引人注目的，是一座安置在商辦大樓前朱紅色的「橄欖球神社」。仔細閱讀揭示板，才知道，原來這是仿京都「下鴨神社」所建造的迷你版神社。

小神社前的鳥居，是仿照橄欖球門意象所製，高約三公尺。神龕前懸掛的鈴鐺，則為金色的橄欖球形狀。神社旁設有掛架，供民眾上掛祈願賽事成功的「繪馬」（作成橄欖球狀），頗為可愛及有趣。

京都的下鴨神社，正式名稱為「賀茂御祖神社」。揭示板上說明，日本曾在京都當地舉辦首次的橄欖球賽，可謂日本橄欖球濫殤之地。社內還設有「第一蹋之地」紀念碑。在丸之內仲通的林蔭大道上，除小神社外，還有相撲力士「大關」栃ノ心、花式溜冰冠軍選手羽生結弦、忍者、NHK熱門節目「チコちゃんに叱れる！（當心被琪珂小姐罵！）」女公仔偶塑像，吸引不少遊客駐足照相。

今天來「丸之內仲通」捕捉街景，真是意外收穫。至於主辦單位為何選這條大街，當作世界盃橄欖球賽宣傳大道？恐怕要拜託我的日本友人釋疑。

橄欖球神社

紀尾井町軼事

在東京的千代田區有一個名稱蠻特殊的町，名叫「紀尾井町」。町名的由來是，江戶時代此地為紀州德川家、尾張德川家及彥根井伊家的屋敷。明治政府後重新制定行政區劃，就以此三家名字，各取一字，定名為「紀尾井町」。紀尾井町原本是充滿綠意、閑靜的住宅區，一九七五年以後，新大谷飯店、赤坂王子飯店、參議院議員宿舍，以及許多知名企業總部大樓，如雨後春筍般竄出，加上鄰近的「上智大學」擴充校舍，使得這裡變成目前的超高樓群林立的都會新風貌。

從赤坂見附車站往北，過了弁慶橋就是紀尾井町了。在紀尾井町通旁，你會發現一座不太顯眼的「清水谷公園」。小公園正面入口，矗立著一塊頗不相襯的巨大石碑「贈右大臣大久保公哀悼碑」。原來此處就是「維新三傑」之一

的大久保利通被刺身亡之地。

大久保利通與西鄉隆盛、木戶孝允等三人，被尊為「維新三傑」。不同於西鄉的兵敗自戕、木戶的病死，大久保是遭到刺客暗殺身亡的。一八七八年五月十四日，時任內務卿的大久保利通，於上班時乘坐馬車經過紀尾井町的紀尾井坂，遭到石川縣士族島田一郎等人暗殺身亡。明治政府追贈大久保為右大臣，並為其舉行國葬。

後人為尊崇大久保利通對新政府所做出的貢獻，在現今紀尾井坂旁的清水谷公園為其立碑。其實，清水谷公園只是一個不太顯眼的公園，主要以大久保哀悼碑及紅葉聞名，可以說是紀尾井町高樓群中的一片小綠洲。

來紀尾井町一遊，建議可以在高架路旁的「弁慶堀」划槳或釣魚，新大谷飯店庭園餐廳觀賞庭園之美，或去西武集團新蓋的「東京花園露台紀尾井町飯店」享受美食、購物，再順路來「清水谷公園」緬懷一下大久保利通的維新歷史故事，實屬不錯的半日遊套裝行程。

神田大明神

在御茶水湯島聖堂對街，有一座金碧輝煌的「神田明神」神社（神田神社），這是東京都內歷史最古老的神社之一，也是著名東京十社其中的一社。

神田神社除奉祀七福神中的大黑天及惠比壽外，還有平將門。平將門是何許人呢？日本中世平安時代，平將門在關東叛變，登基自稱「新皇」，企圖取代京都的天皇勢力。日本天皇萬世一系，從神武天皇以來，迄今傳一二六代。歷史上雖曾出現鎌倉、室町、江戶三個幕府，權力凌駕天皇，但基本上仍採尊皇態度。平將門是史上唯一挑戰天皇萬世一系的人物。

一說，將門舉兵沒多久兵敗。後來在京都遭到處決，屍體飛回關東，首級落在大手町，身體則被埋在神田神社附近。從此關東一帶時起災變，人心不安。

當地百姓深恐此係將門冤魂作祟，於是接受高僧指點，在埋葬將門屍體的

神田神社
神田明神
神田明神

附近，建造神社以為祭祀，期待化解將門怨靈。這就是神田神社的由來。

神田神社所祭祀的三柱主神，大黑天主宰土木建築、夫婦圓滿；惠比壽主宰生意興隆、身體健康及開運招福；平將門則主除厄消災。

一六〇〇年的「關原之戰」前，德川家康特別前來祭拜神田明神，祈求武運昌隆、戰事平安。果然，家康在關原戰場上大獲全勝，並建立了江戶幕府。

神田神社原在江戶城大手町將門首塚附近。據說，家康崇信地理風水，乃將神社遷往江戶城外東北方「鬼門」（西南方稱「裏鬼門」）的神田，以護衛江戶城，並賦予「江戶總鎮守」的崇高地位。

傳說中的日本三大怨靈，除平將門安奉於東京的「神田明神」神社以外，「學問之神」菅原道真奉祀在福岡的「太宰府天滿宮」，崇德天皇則安座於香川琴平的「金刀比羅宮」。這種藉由民間信仰的力量，將安撫「怨靈」轉化為守護「御靈」，成了日本宗教文化的一大要素。

內戰東西軍

二〇一七年十二月三十日，日本朝日新聞網以「戊辰戰爭一五〇年東軍盛邀西軍參加共同慰靈祭」為題，報導福島白河市邀請山口萩市，於二〇一八年七月赴訪白河，舉行東西二軍的共同慰靈祭。

幕末的一八六八年歲次戊辰，以薩、長聯盟為主力的明治政府軍（西軍），與擁幕派的舊幕府軍（東軍），爆發歷史上所謂的「戊辰內戰」。兩軍在京都伏見鳥羽開戰後，東軍節節敗退，轉進江戶一帶。

在西鄉隆盛與勝海舟的江戶「無血開城」談和後，東軍殘眾仍盤踞上野山頑抗，惜續遭西軍擊潰，轉進東北地方的白河及會津若松，號召奧羽列藩同盟參戰，展開「白河戰役」及「會津戰役」，東軍一再挫敗，氣數幾乎殆盡。

白河戰役是會津戰役的前哨戰，當時沿著奧州街道北上的西軍長州藩主力

JR 田町站的「江戶開城」紀念碑

部隊，與東軍東北列藩在白河小峰城展開激戰。政府軍配備英國新式裝備，戰事不及百日，東軍敗走小蜂城。這一來會津若松城頓失前哨屏障，一個月後，亦緊接淪陷。

東北會戰後，幕府海軍奉行榎本武揚與新選組土方歲三等人，率殘部竄逃至北海道函館，成立「蝦夷共和國」。政府軍繼續揮軍渡海北上，於箱館（函館）戰役一舉攻破五稜郭，殲滅共和國軍隊，戊辰戰爭宣告結束，德川幕府壽終正寢。

山口的萩市是西軍「薩長聯軍」的根據地，白河則是「戊辰戰爭」中，東軍東北列藩抵抗薩長聯軍的前哨地，而且慘遭西軍無情的鐵騎踐踏，兩地恩怨情仇，由來已久。

此次白河市及萩市，雙方將藉著紀念「戊辰戰爭」一五〇周年機會，舉辦東西軍戰歿者共同慰靈祭，無疑有著「百年恩怨，一筆勾銷」的大和解意涵，也勢將開啟未來兩市間的親善交流活動。

最後的武士

東京都日野市於五月十二至十三日，舉行第廿一回的日野「新選組祭」。日野市府及ＪＲ公司為號召客源，分別加強對外宣傳「日野的魅力發現」、「用suica卡即可輕鬆到日野」等活動。

在日野市府努力宣傳下，最近幾年，日野「新選組祭」的名氣越來越旺。「新選組」是幕末一支親幕府的武裝部隊，主要保衛京都，維持治安。部隊特色是「誠」字隊旗、山形圖案的羽織及嚴格的隊規。

新選組成立之初，得到當時擔任京都守護職的會津藩主松平容保的支持，納入會津藩編制（約兩百多人），平常慣用刺殺及各種殘忍手段，來剷除倒幕派人士，使得「新選組」的威名，不脛而走。

大政奉還後，擁幕軍隊仍與新政府軍展開一場大規模的內戰（戊辰戰爭）。

新選組選擇站在擁幕的一方，持續與新政府對抗，但屢敗屢戰。

新選組隊長近藤勇在一次戰役中戰死，副隊長土方歲三經過「會津戰役」兵敗逃至北海道，成立「蝦夷共和國」，最後在「箱館（函館）戰役」中喪生，共和國瓦解而結束日本的內戰。

近藤勇、土方歲三，兩人均來自日野，這也是日野被稱為「新選組」故鄉的由來。隨著戰後大眾影視文化發達，新選組被英雄化、傳奇化，因此享有極高的知名度，也為平常乏人問津的日野，吸引來不少國內外遊客。

我來日野的另一個目的是，尋找江戶時代的舊街道。日野是江戶五街道之一的甲州街道「日野」宿場所在。日野市府當局結合「新選組」及「日野宿」有形無形的魅力，在振興地方經濟及文化產業上，帶來不少助力。

探尋古刑場

週日。頂著卅七度惡毒的炎陽熱浪，在京濱急行本線的立會川站下車。今天要探訪位於品川區舊東海道上，江戶時代三大刑場之一的鈴之森刑場遺址。鈴之森刑場已列東京都的指定文化財。

江戶三大刑場分別為沿舊東海道江戶城南側入口的「鈴之森刑場」，日光街道江戶城北側入口的「小塚原刑場」，以及甲州街道江戶城西側入口的「大和田刑場」，這些刑場早已廢除，僅留下遺址供後人憑弔。

江戶幕府時代，在江戶城外各主要街道入口處設置刑場的原因是，當時有大批浪人湧進江戶，導致犯罪量增加。幕府基於警示、威嚇作用，乃於各街道入口處，設置這些處決人犯的刑場。根據記載，僅鈴之森刑場就處決過十萬以上的人犯。

從立會川車站出來，往前走一小段就是東海道舊街，再沿著舊街前行到濱川橋，橋下立會川於離此不遠處流入東京灣。過濱川橋前行，就是鈴之森刑場遺跡。遺跡包括受刑者之墓、經文柱及慰靈碑。其中，有一柱紀念碑上刻著普賢菩薩的「一切業障海皆從妄想生」，讓人心生敬畏。

在鈴之森刑場被處刑的人犯中，最著名的就是「八百屋阿七」。青果店女兒阿七，家中遭逢火災，暫住於寺廟，而與寺廟打雜的庄之介相戀。家中修復返家後，阿七思念庄之介，就放火燒了自己的家，想藉此能再回寺廟暫住並與庄之介相會。結果阿七因放火罪被處以火炙刑。

位在品川舊東海道與國道一號交叉口，狹長三角地帶的鈴之森刑場遺址，目前雖整理得花草扶疏，惟佛柱經像及大小慰靈碑林立，仍顯幾分陰森感覺。幸好是烈日高照的午後，在匆匆拍完照後，趕緊離去。

曇花一現的共和國

幕末維新的一八六八至六九年，日本曾短暫出現過一個號稱亞洲最早透過選舉制度產生的「共和國」，亦即由德川幕府殘餘勢力，在北海道函館（舊稱：箱館）成立的「蝦夷共和國」，俗稱「蝦夷島政府」或「函館政權」。

一八六八年四月，戊辰戰爭末期，江戶無血開城後，明治政府成立。幕府的海軍副總裁榎本武揚以強化北部防務為由，率八艘軍艦由品川港北逃，於仙台收編「會津戰役」殘部及「新選組」土方歲三等人，持續挺進函館，在攻下函館五稜郭後，掌控北海道全境。

榎本平定蝦夷後，成立「蝦夷共和國」，隨即舉行記名投票，選出總裁榎本武揚、副總裁松平太郎及海、陸軍奉行等閣僚，並定函館為首都。西方各國駐函館領事館，亦紛向榎本遞交備忘錄，承認蝦夷共和國政權。其中，原幕府法國軍事顧問團十人，亦加入共和國軍。

共和國憑藉津輕海峽天險及海軍艦隊，準備與明治政府相抗衡。一八六九年四月，明治政府黑田清隆率兵北伐，先於宮古、函館海戰擊敗共和軍，陸戰也一舉攻破五稜郭，指揮官土方歲三中彈身亡，共和軍投降。一八六八年十二月成立的蝦夷共和國，於一八六九年五月滅亡，政權僅維持短暫的一百二十五天。

共和國滅亡後，總裁榎本武揚投降入獄。榎本在入獄幾年後獲釋，在黑田清隆力保下，先後派駐清公使及文部、外務、農商務等大臣，並冊封為子爵。

夾在東京隅田川與墨堤通之間，有一座小小的「梅若公園」，公園一角矗立著榎本武揚的銅像。這裡原是木母寺及梅若塚的綠地，因為東京都防災據點改造工程關係而遷移，僅留下榎本武揚的銅像，供後人憑弔。

三笠艦與東鄉元帥

横須賀港位於神奈川縣三浦半島東側，面對著東京灣。這裡是日本海上自衛隊的基地，也是美國第七艦隊的駐紮基地港。

我們在搭船繞港一周，參觀停泊在港內的美、日各式戰艦及潛水艇後，一看時間還早，請司機載我們到附近的三笠公園，參觀「三笠號」戰艦。藍天白雲，海面光芒閃耀，陣陣海風吹來，空氣中滿滿的鹹味。踏進三笠公園，廣場

三笠艦（橫須賀港）

中央的「東鄉平八郎」銅像背後，就矗立著雄偉的「三笠號」紀念戰艦。

三笠號（みかさ）是日本帝國海軍的戰艦，它以奈良的三笠山命名。一九〇四年日俄戰爭中，東鄉平八郎率領以「三笠號」為首的日本聯合艦隊，在對馬海峽海戰中，一舉打敗俄國波羅的海艦隊，當時震驚全球。

據史料記載，東鄉平八郎在與俄國「波羅的海」艦隊開戰前，命令士兵掛出「Z字旗（英文最後一個字母，代表沒有退路）」，並向國內發送「皇國興廢，在此一戰」電報，令全艦官兵為之動容。

東鄉平八郎，一八四八年出生於薩摩藩，十五歲即加入當時的薩摩海軍。東鄉終其一生，曾參與幕末薩英戰爭、戊辰內戰，尤其是明治政府時期，亦參與過日清甲午戰爭、日俄戰爭，戰績輝煌，被譽為日本的「戰神」。

東鄉元帥八十六歲病亡。後人為褒揚他的忠義愛國，在原宿竹下通附近，建造「東鄉神社」，以永世紀念。而離這裡不遠處，就是「明治神宮」。或許，後世是感念他生前為明治天皇鞠躬盡瘁，死後亦讓他長伴天皇左右吧！

筑波山天晴

煙火與盆舞，可以說是日本夏天的「風物詩」。著名的盆舞「東京音頭」裡，有一段歌詞：「ハァ西に富士の嶺チョイト東に筑波ヨイヨイ……」這裡的「筑波」指的就是茨城縣的筑波山。

筑波山位於筑波市北部，為日本百名山之一。日本名山百選中，最高的富士山三七七六公尺，最低的筑波山八七七公尺，兩座山的高度相差懸殊。

民間傳說，古時候有一位大神路過富士山，要求住一晚被拒絕，憤怒的大神詛咒富士山一年四季冰雪覆蓋。大神路過筑波山要求住一晚，受到熱烈歡迎，大神於是祝福筑波山四季花草扶疏。

此外，筑波山自古被譽為坂東（關東）名嶽。它山色變化萬千，晨間藍、午間綠、黃昏紫，故又名「紫峰」。也許是上述流傳神話，加上筑波山體優美，而有「西富士、東筑波」美稱。

筑波山還有一段與二戰有關的史話，就是日軍的偷襲珍珠港。當時日軍以「ニイタカヤマノボレ（登新高山）一二〇八」為攻擊密碼，「ツクバヤマハレ（筑波山天晴）」為中止攻擊暗號。

最後，日軍於十二月八日當天，強行偷襲珍珠港，逼使美國投入二戰，導致日本走向敗戰一途。一般人只知道「登新高山（玉山）」這暗號的含義，比較不清楚「筑波山天晴」這個暗語。

你知道嗎？

日本偷襲珍珠港，海軍與陸軍使用不同暗語。海軍攻擊暗號「新高山登れ」（登玉山），中止暗號「利根川下れ」（下利根川）。陸軍攻擊暗號「日の出は山形」（日出於山形），中止暗號「筑波山晴れ」（筑波山天晴）。

道玄坂上

週日被老婆拖去南平台的澀谷跳蚤市場，我一向「喜新厭舊」，對古物沒多大興趣。幸好這個蚤市規模不大，既來之則安之，就掃它一圈，長點經驗吧！蚤市位於澀谷的南平台町「住友不動產」大樓的花園廣場，屬於戶外型蚤市，小小的廣場上，設有骨董家具區、雜貨區、互動工作坊區、創意跳蚤市場及餐飲區，雖然假日但人潮並不多。

我們在蚤市繞了幾圈，看了一些舊雜貨，約莫一個多鐘頭離開蚤市。越過首都高速三號的步道，從道玄坂上往下坡走，就是熱鬧的道玄坂。

道玄坂名稱的由來，一說鎌倉時代，大和田道玄占山寨為王，以強盜維生；一說此地原有一座寺廟「道玄庵」因此得名，眾說紛紜。

在道玄坂一角，我還發現與謝野晶子的歌碑：**母遠うて瞳したしき西の山**

相模か知らず雨雲かかる。（遠眺西邊熟悉的相模山巒，雨雲朦朧繚繞，不禁思念起故鄉的母親。）

原來，明治女文豪與謝野晶子年輕時，曾遠從故鄉的大阪北上東京，在澀谷的道玄坂生活過一段時期。

道玄坂有幾條令人印象深刻的小巷弄，其中「澀谷百軒店」巷內的「道頓堀劇場」，是眾所皆知的脫衣舞劇場（OS劇場），經常有神色詭異人士進出，看得出來是龍蛇混雜的是非之地。

另一條「道玄坂小路」，巷內有一家「麗鄉」台灣料理店。十幾年前曾經帶日本客人去吃過，生意很好，味道卻普普，「橘逾淮為枳」，不知客滿的原因何在？

再繼續往下走，就是道玄坂東急「二〇九」百貨，此地是道玄坂的入口，也是早年「二〇九辣妹」起源地。可惜今天沒能發現火辣的櫻花妹，就此打道回府。

澀谷南平台的蚤市

しぶや百軒店
Hyakkendana
道頓堀劇場
LAWSON
渋谷百軒店

女作家與謝野晶子

提到明治時代最出色的文壇女將，讓人想到樋口一葉及與謝野晶子。這二位的個性及處世態度大不同，樋口憂慮世俗批判，放棄與半井桃水的師生戀；晶子則不避俗地和與謝野鐵幹大談師生戀，並毅然地和鐵幹結婚，引起社會輿論譁然。

與謝野晶子是活躍於明治至昭和時期的詩人、作家。一八九九年，與謝野鐵幹成立新詩社，隔年創辦機關雜誌《明星》。晶子當時初出茅廬，認識主編與謝野鐵幹，最初以師視之，進而主動追求，兩人發生不倫戀同居。

鐵幹於一九〇一年離婚，與晶子結婚。當時民風純樸，不倫戀不容於社會，輿論對鐵幹的駭俗、敗德，大肆撻伐，導致《明星》停刊。反之，晶子則開始大量創作，強烈呼籲自由戀愛，大膽表達肉體感官之美，逐漸在文壇上嶄露頭角，甚至大放異彩。

與謝野晶子個性大膽、開放，為爭取愛情，勇於向當時封閉的社會挑戰。從不倫戀的第三者與鐵幹結婚後，夫妻恩愛，育有十一個子女。其孫與謝野馨曾任內閣官房長官等要職。我一九八三年七月首次派日，就住在港區東麻布與謝野馨的豪宅附近，當時只知與謝野馨是自民黨的重要幹部，原來竟有如此顯赫的身世。

二〇〇四年，日本發行新版五千圓紙幣，首次以女作家樋口一葉作為肖像。據悉最初大藏省提案以紫式部、清少納言、與謝野晶子、樋口一葉等四人擇一為人物肖像。但前二者因年代久遠，缺乏清楚肖像，而與謝野晶子曾鼓吹反戰，其孫與謝野馨為國會議員，身分較敏感，所以最後決定採用樋口一葉肖像。

個人覺得，儘管與謝野晶子在文壇上擁有偉大成就，但或許日本政府當局也擔憂，晶子當初驚世駭俗的不倫戀，一旦作為鈔票上的肖像，恐遭致外界無謂的質疑吧？

伊豆堂島溫泉的與謝野夫婦（鐵幹、晶子）歌碑

平將門首塚

東京千代田區大手町，因位於皇居大手門之前而命名，與相臨的丸之內町，乃日本經濟的中心，聚集了政府體系的金融機構、大型銀行、商社及大眾媒體的總部。

此地新式高樓群林立，有如都會叢林，而夾在高樓大廈間，赫然發現有一塊小墓地，顯得有些陰森突兀，這正是祭祀平將門首級的「平將門首塚」，也稱「將門塚」，為東京都指定的遺蹟。

平將門是平安時代武將，他以關東的下總國為根據地，起兵挑戰天皇勢力，並自稱「新皇」（日本史上第一人），結果兵敗被帶至平安京斬首。平將門被斬首曝曬示眾後三天，相傳首級竟然飛回故鄉關東，掉落在千代田區大手町一丁目現址，這就是將門首塚的由來。

關東大地震時，將門首塚遭毀壞，大藏省準備在舊址建設廳舍，結果工程人員、省廳職員，甚至大臣紛紛離奇死亡。二戰後，聯軍總部原準備在周邊整地建設，也發生諸多原因不詳事件，最後整個計劃被迫中止。

一連串無法解釋的靈異事件，讓大家不得不相信是將門的怨靈作祟，所以將門首塚就一直保存下來到現在。千代田區的住民，甚至成立「史蹟將門塚保存會」，共同進行維護管理。

在將門首塚境內，可以發現許多石刻青蛙飾品，傳說平將門首級是從京都平安飛回關東的。青蛙與「歸來」（かえる）同音，意寓祈願將門的首級「平安歸來」。或許大家「寧可信其有」，也或許出於敬畏，幾世紀以來，人們就讓平將門的首塚，安靜地夾存在大手町的高層樓群當中，不再有任何起心動念。

楠木銅像的省思

從地鐵日比谷站上來，穿過日比谷公園，邁步皇居。首先印入眼簾的，就是古樸莊嚴的城牆、鋪著碎石子的偌大廣場，以及遍植黑松的翠綠草坪，還有圍繞著護城河的高聳樓群。令人讚嘆傳統與現代共生，毫無違和感。

相信很少人會注意到，在皇居外苑公園的一角，佇立著一尊騎馬武士的青銅雕像。這座雕像就是活躍於鎌倉幕府末期，一生效忠後醍醐天皇的武將楠木正成。楠木正成與源平合戰的源義經、戰國末期的真田幸村，並列為日本史上的三大「悲劇英雄」。

話說平安時代，後醍醐天皇密謀剷除幕府勢力，不料事跡敗露，被流放隱岐島。楠木正成起兵勤王，持續與幕府軍周旋，靠著靈活戰法及敵營部分將領的倒戈，成功擊潰鎌倉幕府軍隊，迎接後醍醐天皇返回朝廷。其後，楠木在一次保衛天皇家系的「湊川之役」戰歿。

明治維新以後，新政府為表彰楠木正成的忠貞愛國、捍衛皇室的軍人武範，特別為其建立「湊川神社」祭祀楠木及其一族，並在皇居廣場前為其樹立銅像。楠木正成的「七生報國」思想，在江戶末期及二戰中，甚至成為幕末「尊王攘夷」，以及日軍（尤其是「神風特攻隊」）所服膺的精神格言。

皇居外苑前的楠木正成銅像，是藝術家高村光雲（也是建造上野「西鄉隆盛」銅像同一人）等人，花十餘年所建成的。銅像標誌著後醍醐天皇從隱岐島還幸途中，楠木騎馬在兵庫路上恭迎後醍醐天皇的英姿。

當天，我是從楠木正成銅像出發，繞著護城河，一路散步到九段下的「靖國神社」，途中巧遇右翼組織「憂國楠志會」的街宣車呼嘯而過，讓人不得不懷疑極端右翼份子藉著楠木正成的名義，持續宣揚日本軍國主義思想。

楠木正成銅像（皇居前廣場）

筆記地鐵半藏門線

東京都內的地鐵多以地名或方位命名，例如：銀座線、日比谷線或東西線、南北線，只有半藏門線是以城門命名。半藏門是江戶城（皇居）西門，因由德川家康的家臣服部半藏正成負責西門的警備，故一般通稱西門為半藏門。半藏門線地鐵，因此命名。

半藏門線連結澀谷與押上，共行經十四個車站，是車站設置最少的地鐵，依序為：澀谷、表參道、永田町、九段下（靖國神社）、神保町（古書街）及押上（晴空塔）等。其中，澀谷連接「東急田園都市線」，押上連接「東武伊勢崎線」。

服部半藏正成是德川家康麾下武士一族。相傳德川家康曾招募伊賀忍者軍團，保護自身的安全，忍者軍團由服部半藏指揮。「本能寺之變」織田信長遭其手下明智光秀背叛而遇害，近畿地區動亂不安，德川家康當時在大阪的堺市，靠著服部半藏所率領的伊賀忍者軍團，忠心護衛、長途跋涉，逃離近畿地區，平安返回三河領地，奠定以後家康統一天下的基礎。

據說，這一次的千里跋涉，家康自稱為其生涯「最艱難之旅」，此從家康回到三河後，為表彰服部半藏功績，賜給其遠江國（濱名湖一帶）八千石領地一事，可資證明。

日本忍術流派，主要有伊賀（三重縣）忍者及甲賀（滋賀縣）忍者二大派。忍者武藝高強，精通奇門遁甲，人脈廣布，消息靈通，平常靠務農或行商各地蒐集各類情報，必要時進行刺殺敵方對象，在戰場上發揮重要功效。

從江戶城西門由服部半藏負責駐守而命名「半藏門」，而這一條地鐵又取名為「半藏門線」，足見服部半藏在日本近代史上的歷史定位。

皇居半藏門

新宿舊聞

江戶時代，德川幕府為遂行政治及軍事掌控，以江戶城的日本橋為基點，分別整建奧州、日光、甲州及中山道、東海道等五條街道。每條街道的每隔一里（約四公里）處，設置「一里塚」作為中途休息地點；每隔二里處（八公里），設置「宿場」提供往來旅客住宿。

其中，甲州街道由江戶至山梨甲府，當初幕府規劃做為軍事撤退要道，沿途部署重兵，嚴密限制一般百姓的進出。而「內藤新宿」為甲州街道在江戶城的第一個宿場，與品川宿、板橋宿、千住宿等三宿場，合稱「江戶四宿」。

內藤新宿為當時信濃國高遠藩內藤家提供屋敷所建，是僅次於品川的大宿場，又稱四谷內藤新宿，位於現今四谷三榮町及新宿一至三丁目。甲州街道第一宿場原設在高井戶，因與江戶城相距太遠，乃於中途再設新的宿場，故有「新宿」之稱，這也是「新宿」地名的由來。

除了探訪都內舊宿場遺址外，今天另一個目的是參拜「花園神社」。花園神社位於靖國通上，緊鄰著新宿的歌舞伎町。從江戶時代以來，這座花園神社一直是護衛著新宿地區的總守護神。

花園神社正殿的朱紅梁柱與白牆相互襯托，令人目眩神迷。社境內有兩個頗具特色的分社，一是供奉藝能之神的「藝能淺間神社」，神社旁豎著被譽為「演歌之星」藤圭子（宇多田光之母）的紀念歌碑。一是主宰家庭圓滿（送子）、戀愛成就（結姻緣）的「威德稻荷神社」。在穿過社前一排朱紅色袖珍鳥居，後方是一座小神殿，神殿匾額上方，橫置著一支木製的巨大「男根」，不禁令人莞爾一笑。因為緊鄰著花園神社的另一端街道，正是聞名國內外的「歌舞伎町」歡樂街呢！

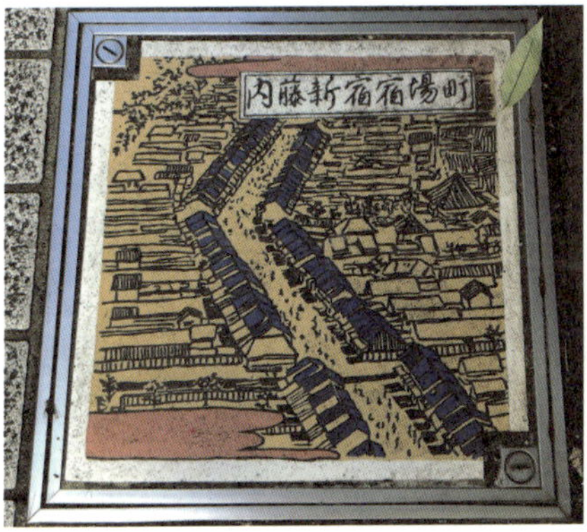

新宿花園神社

末代將軍德川慶喜

日本歷史上曾出現三個幕府，鎌倉幕府（源氏幕府）、室町幕府（足利幕府）及江戶幕府（德川幕府），實施了六百多年的武家統治。其中，江戶幕府從初代將軍德川家康到十五代德川慶喜，實質掌握政權長達二六四年。

談談這位終結日本幕府統治的「末代將軍」德川慶喜吧！慶喜出身於「御三家」的水戶藩，後過繼給「御三卿」一橋家當養子。慶喜於十三代將軍家定（篤姬的丈夫）死後，爭取第十四代將軍未果，俟十四代將軍家茂病死，才如願繼任第十五代將軍。

慶喜在位時，正值幕末維新最盛期，慶喜雖力圖改革、振興，但「戊辰戰爭」中，幕府軍終究抵擋不住薩長同盟的維新政府軍。慶喜戰敗，在西鄉隆盛與勝海舟的「無血開城」調停下，讓出江戶，一八六八年終結了長達二六四年的幕府時代。

史家對於德川慶喜呈現兩極化評價，認為他一肩扛起搖搖欲墜的幕府，面對強大的維新政府軍，不做無謂犧牲，保全局面，大政奉還給明治天皇，是他的功。但他無法振興起弊、力挽狂瀾，甚至終結幕府，成為末代大將軍，為德川家的歷史罪人，則是他的過。

慶喜交出政權後，受明治天皇冊封為公爵，並與德川將軍宗家分家，自立門戶，蟄居於東京文京區邸宅。從此不問世事、遠離是非，靠著攝影、騎車、盆栽等消遣，安靜度過餘生，於一九一三年過世。

或許是與宗家分家緣故，德川家歷代將軍，如初代家康、第三代家光，分葬於日光東照宮及輪王寺陵墓。其他十二位將軍，六位葬於上野寬永寺，六位葬於增上寺；唯獨慶喜一人孤寂地埋骨於東京日暮里的「谷中靈園」。

德川家康之像

海援隊

江戶幕府末期，曾出現一個頗為特殊的組織「海援隊」。這是以坂本龍馬等土佐藩浪士為核心的一個結社組織，進行私人的海上運輸、貿易活動。

一八六五年九月，坂本龍馬在獲得薩摩、長州及土佐的後援下，於長崎成立「龜山社中」，為薩摩與長州進行軍需物資輸送活動。其後因營運虧損，由土佐藩全面接收，並改名「海援隊」，由坂本龍馬擔任隊長。

「海援隊」除從事貿易活動，更積極促成「薩長同盟」，進行倒幕運動。而於此同時，土佐藩的中岡慎太郎亦在京都成立「陸援隊」，呼應龍馬的倒幕運動。幕府有感於威脅，持續派密探掌握龍馬行蹤，欲去之而後快。

一八六七年十一月十五日，龍馬與中岡慎太郎二人，在京都河原町的「近江屋」遭到刺殺，龍馬當場殞命，中岡則於二日後死亡。龍馬究竟是被「京都見迴組」或「新選組」所殺，至今仍是個謎。

因為龍馬的身亡，「海援隊」群龍無首。一八六八年四月，土佐藩下令解散「海援隊」，併入當時紅頂商人岩崎彌太郎所主導的土佐商會。岩崎後來更藉龐大的政商實力，逐步發展成日本郵船、三菱商事等，成為聞名的「三菱財閥」創建者。

一提到「海援隊」，一般人會聯想到昭和年代風靡一時的「海援隊」樂團。這是由武田鐵矢所組成的三人樂團，曾經唱紅「贈る言葉」及「思えば遠くへ来たもんだ」等歌曲。武田也曾演過日劇《三年B組金八先生》，早年的日劇迷，對他應該不陌生。武田鐵矢非常崇拜坂本龍馬，將樂團取名為「海援隊」。龍馬的「海援隊」活躍於幕末時期不到三年，曇花一現。武田鐵矢的「海援隊」則崛起於昭和末期歌壇，近幾年來才逐漸淡出（武田偶而還出現在螢光幕前）。同樣的名稱，不一樣的內涵，帶來不一樣的命運。

坂本龍馬銅像（高知）

異色英雄勝海舟

細數幕末維新的英雄群像，幾乎都是倒幕派人物，唯獨勝海舟是擁幕派重臣。勝海舟一八二三年生於江戶。曾任德川幕府海軍奉行、陸軍總裁。明治政府後，官拜外務、兵部大臣。一八九九年去世，享年七十七歲。

勝海舟為人稱道的是促成江戶「無血開城」。當時勝海舟奉命與西鄉隆盛在一連串談判後，促成幕府將軍德川慶喜在不抵抗、不流血情況下，交出江戶城，拯救江戶黎民免於戰爭的塗炭。

在幕府鎖國時期，日本僅允許荷蘭在日經商活動，因而帶動「蘭學」的興盛。勝海舟通曉荷語，曾於長崎海軍傳習所擔任教頭，海舟向十四代將軍家茂力陳，創建神戶海軍操練所，可說是奠定日本海軍建軍的重要基礎。

勝海舟具世界觀，屬開明派政治家，他雖是幕府重臣，但以建設現代化日本為胸懷，為維新政府付出不少心力。他曾於一八七一年，以「咸臨丸」艦長身分，隨同當時的岩倉具視使節團，赴美洽簽日美修好通商條約，並順訪歐洲各國。

比較不為人知的，勝海舟一生當中除了正妻民子外，共納有五個妾，甚至妻妾同居，民子無可奈何。海舟七十七歲死於腦溢血，臨終前曾說「これでおしまい（人生到此結束）」，成為經典之句。民子於六年後辭世，死前曾交待「不想與海舟葬一起」，足見其心中埋藏許久的怨恨。

勝海舟（字安芳）出生於東京墨田區，後人為紀念他功績，在現今墨田區役所旁公園，建造高約五點五公尺銅像。該海舟銅像身著和服、腰插短刀、左握竹劍、右手指向前方（東京灣）的英姿，象徵勝海舟以美國為目標，內心規劃著未來日本如何走向現代化的國家。

勝海舟銅像

永遠和你在一起

二〇一八年四月一日，一艘停在西伊豆安良里漁港外海的「光進丸」遊艇著火，當時船上沒人。兩天後，火勢撲滅，船體因龜裂進水沉沒。這艘遊艇可是大有來頭，船主正是藝能界天王巨星加山雄三。

「光進丸」是加山雄三親自設計，委託船廠打造的，經過不斷升級，目前是第三代。船體總重一〇四噸，長二十五點六公尺、寬六點六公尺，可容納十八人。加山非常珍愛這艘遊艇，還為此譜了同名「光進丸」的歌曲。

加山雄三，本名池端直亮，一九三七年生於橫濱市，慶應大學畢業，父母都是知名演員，母親還是明治元勳岩倉具視曾孫。加山既是歌手、演員，也是作曲家及鋼琴家，為藝能界的長青樹。

加山在大學畢業後，進入「東寶」電影公司，於一九六一至一九七一年出演『若大將シリーズ』影集。這是「東寶」為加山量身打造的劇情，描述男女間戀愛、大學朋友相互砥勵及對音樂的熱愛。這一系列電影不但打響了加山雄三名號，也為當時的社會帶來一股健康清新的風潮。

台灣觀眾對加山雄三應該不陌生，他唱的「君といつまでも」(夕陽西沉)，相信大家耳熟能詳。還有「海その愛」、「旅人よ」等，都是他以筆名「彈厚作」所寫，足見加山才華洋溢的一面。

加山雄三現已八十多歲，仍然縱橫於藝壇。「光進丸」起火當時，加山正在沖繩開演唱會。對於記者的提問，他首先為「光進丸」火燒事件向社會道歉，同時也說他鍾愛「光進丸」如同他分身一樣「本当に辛い！(真的很心痛)」，眉宇間難掩內心的震驚與不捨。也許是加山雄三的出身背景，加上英挺的外型、橫溢的才華，他帶給人們健康、清新形象，深受大家喜愛。期待加山儘快走出「光進丸」事件的陰霾，恢復往常笑容。

君といつまでも　永遠和你在一起！

太陽的季節

《太陽的季節》紀念碑

神奈川的逗子海岸面對著相模灣。站在海灘可清楚仰望富士山及江之島。逗子海岸是關東最早開發的海水浴場，也是風帆聖地。

在海灘的一角，找到了石原慎太郎小說《太陽的季節》文學碑。石原慎太郎出生於神戶，孩提時代曾住過逗子。大學時代以《太陽的季節》，獲文學新人獎及芥川獎。

《太陽的季節》是以逗子海岸為舞台，描述戰後日本社會一群高富帥子弟，整天過著打拳、麻將、上舞廳泡妞的墮落生活。男主角龍哉與富千金英子交往，龍哉冷血無情，只沉迷於英子的性愛，毫不珍惜她。

英子懷孕，人工流產不幸身亡，龍哉獲知仍繼續打牌，打完牌才跟同伴冷冷地說「英子死了」。隔天去英子家，砸毀靈堂，大罵英子「混蛋」。然後在轉身離去的路上，才放聲大哭，流下不捨懺悔的眼淚。

《太陽的季節》在文壇上並無太大評價，但因小說改編成電影十分叫座，連帶打響石原的知名度。社會上也因此把這些醉生夢死、罔顧道德的年輕人，稱作「太陽族」，一時之間成了流行語。

二〇〇五年，為紀念《太陽的季節》獲芥川賞五十周年，當地居民在逗子海岸立碑，碑上刻有石原親筆所寫「太陽的季節　從這裡開始」的字樣。二〇〇八年七月，紀念碑遭不明人士以紅、黑兩色噴漆塗鴉，目的不詳。

石原慎太郎後來當上國會議員及內閣大臣，並蟬聯四屆東京都知事。四個小孩分別是國會議員、演員及畫家。尤其慎太郎的胞弟裕次郎，更是著名的歌手及影視明星。

石原是有名的大右派，與李登輝前總統私交甚深。二〇一二年，石原在東京都知事任內，將釣魚臺「國有化」，掀起極大的國際風波，更引發台灣及中國的強烈反彈，至今釣魚臺爭端仍然餘波未平。

文豪街道

梅雨季節，細雨霏霏。今天雖天候不佳但不減興致，來去文京區探訪「森鷗外紀念館」。從地鐵千代田線的千駄木站出來，沿著団子坂步行五分鐘，就可以看到一棟造型特殊的現代式水泥建築「森鷗外紀念館」。

這裡原是森鷗外故居，鷗外半生在此渡過，並執筆寫下《雁》及《高瀨舟》等小說。據說從二樓可以遠眺東京灣，故鷗外將其命名為「觀潮樓」。嗣後觀潮樓一度遭到火災毀壞。二〇一二年，都政府為紀念鷗外一五〇周年冥誕，在原址開設「森鷗外紀念館」。

森鷗外本名森林太郎，生於島根縣。東大醫科畢業，加入陸軍成為軍醫。期間曾赴德國深造，受叔本華、哈特曼的唯心主義影響，返國後除軍醫工作外，開始斜槓寫作，積極從事醫學、文學評論、西洋小說及戲曲的翻譯。

鷗外是日本近代史上，唯一能與夏目漱石比肩的大文豪，不同的是，漱石留英，鷗外則留德，而且是少數學醫兩棲的作家。

比較不為人知的是，森鷗外一家與台灣頗有淵源。日據時代，鷗外曾短暫駐台，擔任過台灣總督府軍醫局軍醫部長。鷗外的長子森於菟，亦曾被派往台北帝大講學，一路升任至醫學部長，日本戰敗後才被遣返。

日本近代的許多大文豪，都與文京區有很深的淵源，如夏目漱石、森鷗外、川端康成、樋口一葉、江戸川亂步等人。尤其，全日首學的東大，亦坐落文京區的本鄉。在文京區不忍通的街燈柱上，都掛有「文豪之街」招牌，顯示出當地住民以此為傲。

夏目坂的少爺

記得是大二、大三時，在「日語讀本」課程中，第一次接觸夏目漱石的長篇小說《我是貓（我が輩は貓である）》節錄。漱石以貓的角度觀察世人，筆觸細膩、幽默生動。從那時起，漱石就進入我浸淫日本文學的旅程之中。

夏目漱石，本名夏目金之助，一八六七年生於新宿。東大英文系畢業後，曾在愛媛及熊本短暫任教。一八九九年秋遠渡英國留學，兩年後返東大講授英文，並開始踏上文學創作生涯。

一九〇五年，漱石執筆完成的處女作《我是貓》，讓他一舉成名，獲得文壇矚目。接著，又在短短的兩三年，陸續完成《少爺（坊ちゃん）》及《三四郎》等膾炙人口的小說。

其中，我最喜歡《少爺》這部小說。率真樸實、個性莽撞的少爺，遠從東京來到四國松山淳樸的小鎮教書，面對道貌岸然的校長、趨炎附勢的同僚，以及頑冥不靈的學生，少爺總是堅持正義，不畏前途，選擇打破不公不義現狀，掀起不少波瀾，最後黯然離開小鎮返回東京。

漱石出生新宿，中間一度搬至文京區千駄木，再搬回新宿的早稻田，直至胃潰瘍病逝，享年五十歲。千駄木的舊房舍已移至愛知「明治村」永久保存，原址只剩紀念碑。早稻田舊居原址，則重建為「漱石山房紀念館」，展示漱石生前執筆的小說作品及日記等。

從地鐵東西線早稻田站西口出來，右手邊就是夏目坂通，橫過坂道往前有一條小徑是漱石山房通，兩條小路都以漱石命名。或許是成長的背景，漱石從嘗試寫作至病逝，短短十一年的作家生涯，創作出無數傲人的經典作品，被譽為日本國民大作家，可說是實至名歸。

夏目漱石

漱石山房記念館
漱石山房記念館 入口

櫻桃忌

產經新聞報導，東京都三鷹市原計畫於二〇一九年在井之頭公園內設立「太宰治紀念文學館」，因為多數市民從生態保護觀點加以反對，市府只好取消計畫，將重新檢討在別的地方開設。

台灣人對三鷹並不陌生，大家常去的旅遊景點「三鷹之森吉卜力美術館」就坐落在三鷹市。而著名的作家武者小路實篤、山本有三、太宰治，都曾是三鷹的住民。

太宰治曾落腳於三鷹市，市府為表彰他的文學功績，當初規畫在「井之頭公園」西園北側的「玉川上水」一帶建館，「玉川上水」就是太宰治與情婦跳水自殺的地方。

太宰治本名津島修治，出生青森富裕家庭，父親為貴族院議員，兄長曾擔任青森縣知事。太宰是「無賴派」小說家，具代表的小說有：《斜陽》、《人間失格》及《跑吧！梅樂斯》等。其中，我最喜歡的是《斜陽》。

小說描寫戰後日本混亂社會中，一個沒落華族女性與男老師的情愛糾葛，全文以女主角第一人稱獨白為主軸。也因本書的關係，後來日本將沒落的上流階級人士，稱為「斜陽族」。

太宰治一生與女人、菸酒及金錢借貸離不開關係。他幾度婚外同居、幾度自殺未遂，文章充滿頹廢風格。一九四八年，太宰治在人氣最巔峰的時候，與情婦山崎富榮在玉川上水相偕跳水自殺，結束短暫的卅九年生命。

據了解，太宰治因欽慕九州「太宰府」天神，既能寫詩、詠歌又嗜酒，故其筆名以「太宰」為姓氏，至於名字「修治（しゅうじ）」中的「修（おさむ）」與「治（おさむ）」二字，日文均同音同意，乃取單一字「治」，筆名就為「太宰治」。

太宰治崇拜芥川龍之介與森鷗外兩位文壇前輩，生前一心想獲取「芥川賞」，但終究未能如願。在他殉死後，家人依遺願，將其葬於三鷹「禪林寺」森鷗外墓旁，至少能與崇拜的文壇前輩為鄰，算是了一樁心願。

至於「櫻桃忌」這特殊忌日的由來：太宰治死前曾完成一部短篇小說《櫻桃》，故其友人將太宰治六月十九日的生日，命名為「櫻桃忌」以為紀念。

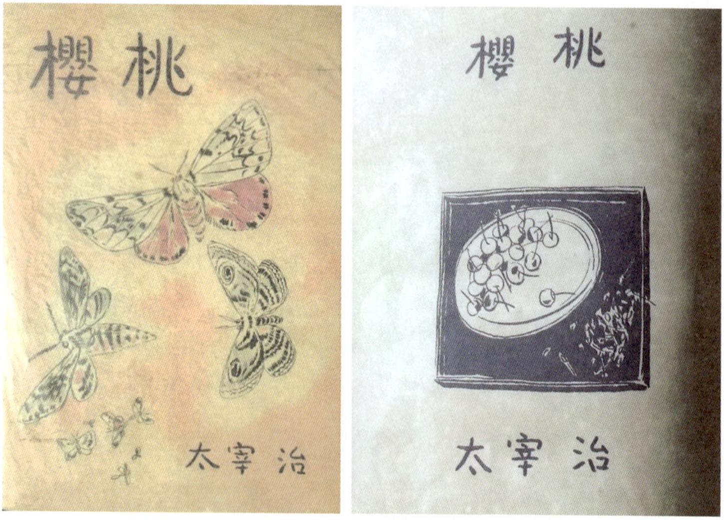

太宰治的短篇小說《櫻桃》

禪林寺（森鷗外、太宰治墓所在）

讓妻事件

故事發生在昭和初期，谷崎潤一郎與佐藤春夫兩位大文豪間的三角情愛糾葛事件。谷崎將髮妻千代子讓渡與佐藤春夫，三人甚至聯名公開發表聲明，一時之間社會輿論譁然，撻伐不止。

谷崎為日本唯美派文學大師，曾幾次被提名諾貝爾文學獎，代表作品《春琴抄》、《卍》、《細雪》等。佐藤春夫為著名詩人小說家，文壇上與谷崎潤一郎、芥川龍之介齊名，代表作品《秋刀魚之歌》、《殉情詩集》等。

谷崎潤一郎與佐藤春夫因文學而交好，谷崎性喜漁色，與千代子婚後，姘上千代子胞妹聖子，夫妻感情不睦。春夫同情千代子境遇，對千代子產生情愫，陷入三角戀情。

後來聖子離開谷崎，谷崎重回千代子身邊，為此春夫一度與谷崎絕交。一九三〇年，谷崎再次姘上女人，正式與千代子離婚。春夫也與元配離婚，如願跟千代子結連理。

三人連名公開發表讓渡聲明：我等三人經過協議，千代子與潤一郎離異，與春夫結婚。谷崎與佐藤友誼如前，上述情事，祈請諒解……。此細君（太太）「讓渡」事件，在當時民風保守的日本社會，造成不少震撼與風波。

順便一提，佐藤春夫在飽受三角戀情鬱悶之苦時，曾在友人邀約下，來台灣三、四個月遍遊各地。返日後，在雜誌陸續發表了《霧社》旅行見聞小說，受到文壇矚目。

谷崎將太太讓渡給春夫後，又陸續結婚、離婚、同居。終其一生，女性關係未曾間斷。從某個角度來看，谷崎與佐藤可說是難兄難弟，同是文壇巨匠，同樣私生活糜爛。尤其二人交情匪淺，發展出前所未有的「讓妻」事件，真是驚世駭俗。這在多元開放的現今社會，恐怕還是讓人無法接受的吧！

谷崎潤一郎生誕の地
谷崎潤一郎生誕の地
中央区教育委員会

與芭蕉相遇

江戶時代的一六八九年五月，俳聖松尾芭蕉與弟子河合曾良，自深川搭船遡隅田川而上至千住，再從千住徒步出發，周遊東北、北陸，最後抵達岐阜大垣，沿途所見、內心所感，寫成曠世巨作《奧之細道》。

松尾芭蕉（松尾金作），出生於三重縣伊賀，初號為「桃青」，移居江戶深川，改號「芭蕉」。松尾芭蕉可說是江戶初期最偉大的俳諧師，日本人尊為俳聖。

相對於幕府所在的江戶，東北奧州乃偏鄉僻壤，故芭蕉將這本旅遊見聞俳句集，名之為《奧之細道》。序章開頭：「日月為百代過客，行年亦為旅人……」一般認為這是仿李白〈春夜宴桃李園序〉的「夫天地者萬物之逆旅，光陰者百代之過客」而寫成。

《奧之細道》中，有許多意境深遠而優美的俳句。其中，我最喜愛的是：山形立石寺的「閑さや岩にしみ入れ蝉の声」、大石田的「五月雨を集めて早し最上川」，以及新潟的「荒海や佐渡によこたふ天河」。

前些時候在石川縣山中溫泉的「芭蕉紀念館」，發現曾良拜別芭蕉的塑像。原來曾良在旅途中染病，無法繼續旅程。芭蕉感謝曾良千里伴行，並覺悟從此將展開一人行腳的寂寞，當下寫出「今よりや書付消さん笠の露……」（從今天起，朝露會逐漸洗褪掉斗笠上的字跡吧……）。

日本人在芭蕉遊歷過的地方，都立了紀念碑或文字碑，也成了旅遊業用來招攬旅客的亮點，吸引遊客前往緬懷攬勝。現今，只要提到「奧之細道」，就會聯想到芭蕉。無疑地，芭蕉不但給日本文壇留下曠世的遺產，也為觀光旅遊業遺留下龐大的資源。

曾良拜別師父芭蕉雕像（山中溫泉）

日本歲時記

大安吉日

與台灣一樣，現代日本人對於婚喪喜慶沒什麼禁忌。老一世代則仍然十分講究習俗，堅持婚喪喜慶宜遵循「六曜」曆法。例如，挑「大安」日嫁娶，避開「友引」日喪葬。這裡所說的六曜曆，類似台灣的農民曆。相傳六曜曆法是三國時代諸葛孔明所創。鎌倉幕府時代傳入日本，幕末至明治以降，才逐漸流行起來。

所謂「六曜」，依序為..先勝（せんしょう）↓友引（ともびき）↓先負（せんぶ）↓仏滅（ぶつめつ）↓大安（たいあん）↓赤口（しゃっこう），週而復始地使用。

經常可在神社或飯店，看到張貼「大安吉日」的海報。聽朋友說，舉凡嫁娶、搬家、開工動土，甚至政府的內閣組閣，都會特意挑選大安吉日。

也許一些日本人迷信之說，「仏滅」乃萬物毀滅之意，屬於「六曜」當中，最應該避諱的「大凶」之日，一般的結婚式典，都會避開「仏滅」之日。此外，「友引」有「呼朋引伴」之意，則不適合喪葬事宜。

個人偏向於順應年輕人的觀念與想法，他們高興就好。只是隨時可以在月曆上，看到大安、仏滅這些字句，就藉此機會簡單說明一下，不深入探究！

「六曜」

先勝（せんしょう）
上午吉，下午凶，利興訟（先訟先贏）。

⇦

友引（ともびき）
早晚吉，正午凶，忌喪事（有呼朋引伴之意）。

⇦

先負（せんぶ）
上午凶，午後吉，凡事持盈保泰。

⇦

仏滅（ぶつめつ）
諸事不宜。忌開店，喪葬法事可。

⇦

大安（たいあん）
諸事大吉。嫁娶、旅行、搬家、開店，特別有利。

⇦

赤口（しゃっこう）
凶日，只有正午吉。忌喜事，宜注意火氣、刀刃。

生意人的「酉市」

「酉の市」是每年十一月「酉日」所舉行的祭典。日本人注重曆法，在天干地支中，酉日就是「雞」日的意思。依照二〇一八年的天干地支曆表，十一月的「酉日」有十一月一日、十三日及廿五日。

「酉市」是自江戶時代流傳至今的歲末祭典，用來祈求隔年的開運招福、闔家平安。東京著名的酉市有：淺草鷲神社、府中大國魂神社、新宿花園神社及目黑大鳥神社。由於十一月正好有三次酉日，依序將會舉行：一の酉、二の酉、三の酉。

在「酉市」的前一天晚上十一點十五分起，會先舉行「宵宮祭」，而「酉市」當日零時，在敲下「一番太鼓」後，開始一整天的「酉市」祭（御例祭）。「酉市」除了攤販以外，最吸引遊客的，就是一些店家所賣的各式各樣「熊手（kumade）」。

「熊手」只有在「酉市」才買得到，這是一種農具的竹耙子，象徵把錢財、好運掃進來的意思。所以在「熊手」上面，通常會裝飾著象徵金銀財寶的物品、稻穗、鈴鐺、松樹枝等。一隻「熊手」價格約在一至五萬日幣左右。

一般公司行號或生意人，每年都會買「熊手」，而且為了祈求增加業績，買的「熊手」要一年比一年大。客人買到「熊手」時，店家會以很有氣勢「〜呦伊〜」的吆喝聲，以及「手締め（拍手）」來祝賀客人，過程頗為有趣，吸引群眾佇足圍觀。

淺草的「鷲神社」及目黑的「大鳥神社」，社名「おおとり」諧音為「大取」，意思是祈求財源廣進，所以一般商家爭先前來購買「熊手」。尤其是淺草的「鷲神社」祭典，遠近馳名，每年湧入近七、八十萬遊客，已然成為日本歲末的風物詩。

節分之日

二月三日是日本「節分の日」，節分就是季節的分際，意指立春、立夏、立秋及立冬的前一天。江戶時代以後，所謂的「節分」專指立春的前一天。一九八五年起，政府明定每年二月三日為「節分の日」。

日本傳統習俗，在「節分」當天，一般人會撒豆子驅鬼、掃除邪氣，祝願無病息災。近幾年來，除了撒豆，還流行吃「惠方卷」壽司。各地寺廟與神社，也會配合舉辦各種祭典。寺廟舉辦撒豆時，通常會邀請政要、議員、知名藝人、相撲力士等出席，每年都吸引幾萬群眾參加。

撒豆子由來，傳說是因為「豆」的讀音（mame）與「魔滅」相近，撒豆子有「驅鬼迎福」的寓意。一般做法是：節分當天，把家中門窗全部打開，然後對外喊「鬼は外」（鬼在外）、對內喊「福は內」（福進來），並各撒兩次豆子。傳說撒豆後，如果吃下跟自己歲數一樣多的豆子，可保一年身體健康。

至於「惠方」是指有利的方位，由於惠方神到臨的方位每年不一樣，面向當年「惠方」方位吃「惠方卷」，就能大吉大利。二〇一六年惠方在南南東方位，二〇一七年惠方在北北西方位，二〇一八年惠方又回到南南東方位。

一般的「惠方卷」包醃瓠瓜條、黃瓜、雞蛋卷、鰻魚、肉鬆、椎茸等七種食材，象徵七福神。不過，有時也會因地制宜，用不同的食材。食材五花十色，代表戀愛運、事業運、金錢運及健康運。還有聽說吃「惠方卷」要安靜、不能講話，而且要一口氣吃完，福氣才不會跑掉。

你知道嗎？

Info

一些祭祀鬼怪的寺廟，認為鬼怪也會改邪歸正，所以在撒豆時，只喊「福は內」，不喊「鬼は外」。另外，聽說姓氏中帶有「鬼」字的人家（如：鬼塚、鬼頭），甚至會喊「鬼は內」，有待查證。

日本人重視民俗活動，政府與民間均不遺餘力地推廣、傳承此類的無形文化財。以二月三日「節分」的民俗活動為例，撒豆子、吃惠方卷除可藉此延續民俗傳統，透過寺廟及神社舉行各種祭典，亦可振興地方經濟、創造商機，實在是一舉數得。

女兒節

三月三日是日本的「雛祭（ひな祭り）」，俗稱「桃の節句」或「女兒節」。原本這是舊曆三月三日慶典，後來日本政府統一訂於新曆的三月三日。也因為舊曆換算新曆的關係，在北陸及東北的寒帶地區，甚至會延至四月三日舉行慶典儀式。

「節句（節日）」是順應季節交替的慶典活動，起源於江戶時代。當時訂定一年五個節日：上巳（桃の節句）、人日（七草の節句）、端午（菖蒲の節句）、七夕の節句、重陽（菊の節句）。

新曆的三月，桃花含苞待放，舊曆三月（新曆四月）則正是桃花盛開時節。自古以來，桃花被視為驅邪吉祥物，普遍運用在各種祈神祭典上。由於一般認定五月五日（端午の節句）是男孩祭典，三月三日（桃の節句）自然演變成是「女兒節」。現在日本人慶祝「雛祭」已有簡化，大概就在家裡設置階梯狀的陳列台（雛壇），擺上穿著和服的人形娃娃（雛人形）。雛壇的台階有一、三、五、七階，無硬性規定。不過日本人視奇數為吉祥，所以結婚禮金也都送奇數，認為偶數可以分一人一半，象徵分離。

正式的雛壇由上至下共七層，最上層（第一層）是天皇與皇后人形（男左女右），第二層為執酒壺酒杯的宮女，第三層宮廷五人樂隊，第四層是左右大臣，第五層僕役，第六、七層則擺牛車、轎子、盆栽等等。

一套普通的雛壇人形約五至五十萬日圓，昂貴的要上百萬圓。通常在三月三日之前的「大安吉日」，開始準備及擺設，一過三月三日就得趕緊回收，否則會影響將來女兒的婚期，很難嫁出去。比較講究的家庭在「雛祭」當天，還會準備蛤蠣清湯及花壽司等應節料理，象徵女孩愛情如蛤蠣般，緊密結合與專一。

雛人形

有人好奇，「女兒節」的慶祝儀式到幾歲為止？據了解並沒有硬性規定，一般大概會到小學畢業。相較於台灣「兒童節」只是虛應般地舉行一些親子活動，並不太在意這些有形無形的習俗。「禮失而求諸野」，日本人重視遵循古禮，也設法傳承及發揚下去，順勢創造為數可觀的商機，的確值得大家省思。

日本風物詩

風雲甲子園

甲子園球場位於兵庫縣西宮市，搭阪神電鐵在「甲子園站」下車，步行五分鐘，就可到達球場。甲子園棒球場現為阪神隊的主場球場，亦為春、夏兩季日本高中棒球聯賽的專用球場。

甲子園球場係日本「大林組」建設公司所蓋，於大正天皇甲子年啟用，故命名「甲子園」。球場占地約四萬平方公尺，可容納觀眾五萬人。

日本每年春、夏舉辦的全國高校棒球聯賽，都在甲子園球場舉行。「甲子園」幾乎成了高中棒球聯賽的代名詞，能登上甲子園棒球場，可說是日本高中棒球隊健兒的夢想。甲子園賽事，分為春、夏兩季，兩者資格不同。春季比賽稱「選拔高校野球大會」，參賽隊伍由「選考委員會」依過去一年各項比賽成績，選出卅二校進行比賽；夏季比賽稱「全國高校野球選手權大會」，由各縣市地區預賽的冠軍隊伍參加。

春、夏兩季「甲子園」都由日本高校野球聯盟主辦，協辦單位則依季節不同，春季是「每日新聞社」，夏季是「朝日新聞社」。至於賽程，春季於三月底至四月初，賽程約十三天；夏季於八月上旬，賽程約十六天。實況轉播，均交由NHK全程播出。

由於春夏「甲子園」參賽資格不同，春季由選拔產生，夏季隊伍必須由各縣進行艱苦的淘汰預賽後，才能產生一隊或二隊（如東京、北海道等）參賽，故一般比較重視夏季的「甲子園」大會。此外，日本職棒各球團會藉「甲子園」比賽時，派出球探針對有實力的高中選手進行選秀，一旦被球團相中，將有機會進入職棒發展，所以球員均使出渾身解數，

翻攝於電視轉播

期待藉此躍登龍門，成為人人稱羡的職棒明星。日治時代一九三一年，嘉義農林學校（嘉農）曾代表台灣參加甲子園，獲得亞軍。故事拍成電影《KANO（嘉農）》，分別在台北及日本上映，票房頗佳。

箱根驛傳（伝）

日本的新年期間，除了除夕夜的紅白大賽以外，必看的節目，就是一月二至三日「箱根駅伝」的電視實況轉播。「駅伝」就是大隊接力賽的意思。

箱根駅伝全名「東京箱根間往復大學駅伝競走」，這項活動由日本馬拉松之父金栗四三於一九二〇年創辦的。目前是由「關東學生田徑連盟」主辦，讀賣新聞協辦。

駅伝接力路線，由東京大手町「讀賣新聞本社」出發至箱根的蘆之湖（停車場）折返，去程分五區段共一〇八公里，回程亦為五區段共一〇九點九公里，合計二一七點九公里。

在往返跑程中，最受矚目的是去程第五區段（小田原—蘆之湖），不僅是路程最長，亦是著名的登山坡段，而且冬季箱根的氣溫低，對選手是一大挑戰。通常在這區段中創下佳績的選手，會被封為「山神」。

參賽駅伝隊伍計有二十一隊，每隊十人，入選資格為：一、前年度上位十名為種子隊；二、預賽成績及全年競賽成績優良者十隊；三、關東學生連盟合組一隊。其中「關東學生連盟」是由關東十個大學組成，每校一名選手負責跑一個區段。

截至二〇一七年的統計，歷年參賽獲得優勝的隊伍，最高紀錄前三名是：中央大學十四回，早稻田大學十三回，日本大學十二回。近幾年來，青山學院大學幾乎年年奪冠，成為眾所矚目的焦點。

如果說春、夏「甲子園」的棒球選拔賽，是高中生的青春舞台，那麼「箱根駅伝」馬拉松大隊接力，應該是大專學生的熱血戰場吧！

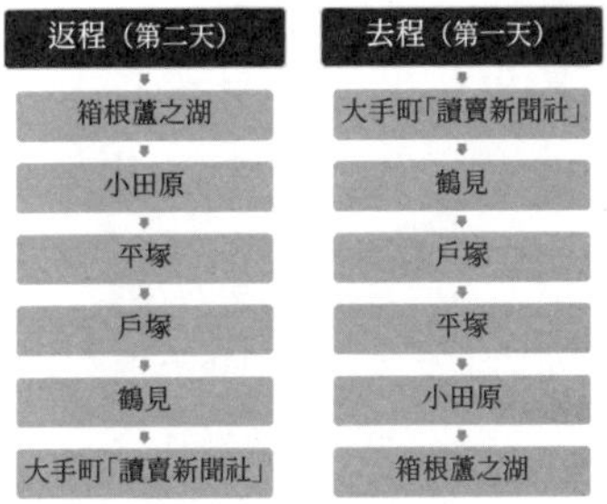

箱根駅伝接力之十個區段路線

山梨学院大学

日本的大相撲

日本傳統國粹競技之一的相撲界，二○一七年十月下旬，在大相撲秋季地方巡迴表演賽程中，驚傳蒙古籍橫綱日馬富士，於夜間聚會的鳥取市酒吧，打傷同屬蒙古籍力士貴ノ岩，日本全國輿論譁然，新聞爭吵不休，歷時近月餘。

大相撲賽程於單數月舉行，地點不同，場所亦各有代稱：一月「初場所」（東京國技館）、三月「春場所」（大阪府立體育館）、五月「夏場所」（東京國技館）、七月「名古屋場所」（愛知縣體育館）、九月「秋場所」（東京國技館）、十一月「九州場所」（福岡

（左）第六十九代橫綱白鵬　（右）JR 兩國站前大道的力士雕像

國際中心）。在空檔時期，「日本相撲協會」循例會安排相撲選手去全國各地舉行公演，甚至赴海外巡迴表演。台灣公演是二〇〇六年八月。

相撲力士的位階區分十級，依序為：序ノ口、序二段、三段目、幕下、十兩、前頭、小結、關脇、大關及橫綱。十兩以上的力士薪水由「日本相撲協會」支付，以下的力士則由各所屬的「部屋」支薪。十兩位階以上的力士，每個場所比賽十五天，十兩以下的力士只比賽七天，其餘八天用來服侍高階的力士。

每一個「場所」明文規定，現役橫綱不超過四位，橫綱享有終身俸（月薪兩百八十餘萬日幣）不會被降級，只會因為競技成績不佳，或行為不檢而被迫退休。日馬富士因此次暴力傷害事件引退，而幾年前同屬蒙古籍的第六十八代橫綱朝青龍，亦曾因暴行事件引退。

台灣早年曾有劉朝惠（栃ノ華）赴日本相撲界發展，最高晉升至「十兩」位階，可惜曇花一現，一九八八年引退。最近幾十年來，相撲界產生不少外國籍「橫綱」及「大關」力士，引起日本對是否限制外國人參與比賽議論，橫綱日馬富士暴力事件，更引起部分大相撲衛道人士撻伐，此事或多或少反映日本人矛盾、輸不起的心態吧？

不滅的寶塚歌劇團

日本「寶塚歌劇團」於二〇一八年十月及十一月，分別赴台北「國家戲劇廳」及高雄「市立文化中心」舉行公演。這是繼二〇一三年及二〇一五年，「寶塚歌劇團」赴台灣的第三次公演。

此次台灣公演分二部演出。第一部為結合台灣霹靂布袋戲的曲目《Thunderbolt Fantasy》（東離劍遊紀）。第二部是歌舞秀《Killer Rouge》（星秀煌紅），由「星組」頭牌小生紅悠智露（Kurenai Yuzuru）及花旦綺咲愛里（Kisaki Airi）擔綱，相信精彩可期。

寶塚歌劇團是「阪急電鐵」前會長小林一三，於一九一四年所創立的，原名「寶塚歌唱隊」，一九四〇年改名為「寶塚歌劇團」。劇團根據地在兵庫縣寶塚市的「寶塚大劇場」。在東京隔著「帝國飯店」對街，則有劇團直營的「東京寶塚劇場」。寶塚歌劇團區分為五個組，依成立時間先後，有：花組、月組、雪組、星組及宙組。公演由各組分別進行，每組均以一位紅牌的小生（男役），搭配當家花旦（娘役）為演出的核心，戲劇及歌舞秀的內容相異，可感受到各組不同的魅力。

寶塚團員總數有四百人，全年公演一千四百次，動員觀眾約達兩百七十多萬人。這是清一色由未婚女性所組成的歌劇團，一旦結婚就得退團。而團員在十五到十八歲考進「寶塚學校」後，須接受兩年的專業訓練，才能正式入團。

從創設時起，寶塚目標就鎖定演出男女老幼都能欣賞的國民戲劇，內容有時裝劇、歌劇、歷史劇等。粉絲幾乎以女性居多，因此扮演男性角色（男役）的團員，比較能受到女性觀眾的青睞，也比較容易發光發熱。

寶塚各組的頭牌男女主角，在離團後轉往演藝圈發展，成績都相當亮眼，受到觀眾的歡迎。寶塚出身的演員，著名的有：朝丘雪路、大地真央、天海祐希、黑木瞳、真矢美紀及檀麗等人。

東京宝塚劇場公演
宝塚歌劇
異人たちのルネサンス
白鷺の城
2018
11.23
12.24
10月21日
発売開始
東京宝塚劇場

東京寶塚劇場

「師走」的忘年會

一到年終歲末的十二月，就是日本「忘年會」時節。「忘年會」顧名思義，就是忘掉這一年的辛苦，迎接新一年的新希望。

忘年會一般以聚餐同樂形式來表現，簡單的說，像是台灣的尾牙一樣，除了料理美食，免不了加些餘興、抽獎的節目。日本官廳或公司的忘年會，有時是大家分攤經費，不像台灣的尾牙都由單位或公司負擔所有費用。

十二月除了忘年會外，另一個大戲，就是「御歲暮」的相互贈禮，內容多樣，從糕餅、南北貨到日用品、商品券，應有盡有。日本人一年兩次贈禮，另一次就是年中的「御中元」。我們駐日代表處一般對外贈禮，「御中元」送荔枝或芒果，「御歲暮」送椪柑，藉以推廣台灣旬果，甚受日本人喜愛好評。

標題「師走（しわす）」是日本舊曆十二月的別稱。有一說舊曆十二月，僧侶的除災祛邪祭典、法事非常多，經常奔波於不同村落為人誦經，十分繁忙，故稱「師走」。日本舊曆曆法對十二個月份的稱呼，依序為：一月（睦月むつき）、二月（如月きさらぎ）、三月（彌生やよい）、四月（卯月うづき）、五月（皐月さつき）、六月（水無月みなづき）、七月（文月ふみつき）、八月（葉月はづき）、九月（長月ながつき）、十月（神無月かんなづき）、十一月（霜月しもつき）、十二月（師走しわす），聽起來文雅而富詩意。

說到古曆法，日本的大飯店或溫泉旅館，平常為客人準備的懷石料理菜單，仍以古曆法上的月份名稱表現。如：水無月御献立，意思就是指六月份菜單。

我愛蕎麥麵

日本的麵食，大致可歸納為拉麵、烏龍（うどん）及蕎麥麵（そば）三大類。目前可說是拉麵的戰國時代，各式拉麵推陳出新，湯頭、麵條各有不同風格，端賴各人喜好。至於烏龍麵、蕎麥麵，則堅持傳統風味甚少變化。烏龍麵以香川（讚岐）的讚岐烏龍麵有名；蕎麥麵則以長野（信州）的蕎麥麵最具代表。長野為高原地帶，日夜溫差大，土地屬火山灰土，適合種植優質蕎麥，創造出遠近馳名的信州蕎麥麵，與島根（出雲）、岩手（盛岡、花卷）並稱日本三大蕎麥麵產地。

蕎麥麵味道寡淡、沒有彈性，佐料單純（蔥絲及海苔絲），一般有冷、熱兩種吃法。冷麵時，店家會送來一小壺煮麵水湯（そば湯），可對著沾汁喝。吃蕎麥麵時，用筷子夾麵條三分之一沾醬汁即可，吃麵時出聲音並不失禮。

蕎麥麵沒有彈性，有些店家會在蕎麥粉內加入麵粉，增加麵條Q彈度。所謂七割蕎麥麵（麵粉三成、蕎麥七成）或二八蕎麥麵（麵粉二成、蕎麥八成），是指麵粉與蕎麥粉的比例。

蕎麥麵是江戶時代流傳下來的民間主食。蕎麥麵細長，象徵源遠流長。一般傳統節日時，都會吃蕎麥麵，如：過年（年越そば）、喬遷（引越そば）。此外，蕎麥與「旁邊」（soba）日文同音，寓意「希望永遠在你身旁」之意。以前住在麻布十番附近，短短一條商店街，就有三家蕎麥麵館，每天饕客大排長龍。週日趕早去麻布十番的「布屋太兵衛」，點了天婦羅蕎麥麵，炸蝦酥脆可口，湯頭清爽略帶淡橘香氣，吃起來沒有負擔。

目前日本的「拉麵熱」，早已延燒到台北，拉麵店如雨後春筍般地開店。但蕎麥麵館比較少見，也許是南國氣候溼熱，大家口味偏重，無法接受這種味道清淡的蕎麥麵吧！

江戶前料理

走在東京街頭，有時會發現一些日式料理店看板上，寫著斗大幾個字：江戶前料理。什麼是「江戶前料理」呢？所謂「江戶前」有兩重意思。一指舊時江戶城的東京灣前緣，亦即現在的京橋、銀座、新橋及佃一帶，所捕撈的海鮮漁獲，如魚、蝦、星鰻、章魚、赤貝等。

另一層意思是指，這些魚鮮的處理方式。江戶時代交通不便，沒有保存食材的冷凍冰庫。於是商人們趁著水產新鮮時施加處理，以保持鮮度。包括用鹽或醋進行醃製或蒸、煮及調味汁浸泡等。

最早的江戶前料理，以壽司、烤鰻魚和炸天婦羅最具代表性。尤其是壽司、蒲燒鰻的烹調步驟，不同於大阪與京都地區，也漸漸形成獨具一格的「江戶前料理」。

時代不斷演變，如今的江戶前料理，多半指料理風格，而非食材產地。所以，目前在東京以外地區，偶而也可看到店頭暖簾，掛著「江戶前」這三個字的日本料理店。

至於舊時京畿所在的京都、大阪周邊，江戶時代尊為「上方」，當地的傳統料理稱作「上方料理」，也就是以乾物、野菜、豆腐、豆皮、魚貝蝦類為主的京都、關西鄉土料理。

我常去的「千種鮨」江戶前料理，就在目黑車站東口的上大崎目黑通上，這是一家創業超過八十年以上的傳統壽司老字號。小店空間不大，兩張桌子及一列吧檯，一次僅能容納十八位客人。

「千種鮨」最受歡迎的是中午的「握壽司定食」，一點五人前（一人半）定食售價一千三百元日幣，味美價廉、CP值高。只可惜，「千種鮨」老闆因年事已高，不堪工作負荷，小店已在二〇二〇年的夏天，永久歇業了。

目黒　江戸前料理「千種鮨」

豪氣的土佐料理

日本友人曾請我去銀座的「長宗我部」吃土佐（高知）料理。土佐料理最著名的是「皿鉢」料理及「藁燒」（稻草炙燒）鰹魚。

所謂的皿鉢料理是將各種食物盛入大盤中，非常獨特且豪邁的吃法。藁燒鰹魚則是以稻草炙燒鰹魚表皮，再佐以薑末、蒜片及蔥花，口感絕佳。

初次看到「長宗我部」店名，覺得很新奇。原來，長宗我部是戰國時代土佐藩主家系，曾統一四國，傳至廿二代藩主長宗我部盛親，因關原之戰支持西軍兵敗，領地遭德川家康沒收而滅亡。

長宗我部家在高知頗具盛名，但當地最出名的還是坂本龍馬。龍馬為幕末土佐藩士，曾師事勝海舟，是促成薩長兩藩結成軍事同盟的重要推手，其提出的《船中八策》更是後來維新政府的重要指導方針。

《船中八策》即：大政奉還、開設議會、內閣制度、帝國憲法、擴充海軍、關稅自主等八項主張。後來維新政府成立後，部分主張被採納，奠定了明治政府施政的基礎。

龍馬於一八六七年十一月十五日，與另一位維新志士中岡慎太郎從越前返回京都後，在河原町「近江屋」遭刺客暗殺，享年卅一歲。坂本龍馬生前留下諸多名言，我特別喜歡他這句：

金よりも大事なものに、評判というものがある。（比起金錢，榮譽更為重要）。

回頭再說說高知的「藁燒」鰹魚。二〇二三年秋天，我跟友人在瀨戶內海的旅途中，曾搭「土讚線」特急赴高知體驗「週日早市」，逛完長達一公里的早市攤位後，選擇在「弘人市場」旁的「黑潮廣場」餐廳，品嚐藁燒鰹魚定食。一份定食給足五、六塊厚切的炙燒鰹魚，高知人果然豪氣十足；不過，感覺上味道不如東京銀座「長宗我部」的炙燒鰹魚。

從「肥前屋」談起

介於中山北路與林森北路之間的七條通巷子內，有一家老饕界知名的「肥前屋」鰻魚飯。相信不少人曾為了吃鰻魚飯去排過隊吧？

這裡的招牌鰻魚飯肉質軟Q，味道鮮美，醬汁鹹淡得宜，可以媲美日本在地的鰻魚飯。大概店家想走庶民路線，與日本的鰻魚飯料理店相比，少了一份幽靜與高雅。

在此，我並不是要談鰻魚飯，而是想介紹「肥前屋」店名。初次看到「肥前屋」的店名，我猜想店家應該與九州有某些淵源。後來，看了雜誌的專訪，確定「肥前屋」店主，來自九州的長崎。

肥前是佐賀及長崎的古地名。在中世「五畿七道」（後來加上北海道為「五畿八道」）時代，九州屬西海道，轄下筑前、筑後、豐前、豐後、肥前、肥後、日向、大隅、薩摩九國（州），這也是九州地名的由來。

筑前、筑後為現今的福岡，豐前是福岡的一部分及大分北部，豐後是大分，日向為宮崎，大隅、薩摩則是鹿兒島。至於肥前，就是佐賀、長崎兩地，肥後指的是熊本。

明治維新廢藩置縣後，「五畿八道」只保留北海道舊稱，其餘全數廢除。九州行政區劃亦經重整，廢棄了上述的九國，改編成現在的福岡、佐賀、長崎、大分、宮崎、熊本及鹿兒島等七縣。

所以，爾後只要看到名稱冠上「肥前」這兩個字的，不是來自佐賀就是來自長崎，應該不會有錯。還有，如「筑前煮」是福岡（包括部分佐賀縣）的鄉土料理，「肥後太鼓煎餅」則是熊本縣的糕點特產。

肥前屋
天津大飯店
テンシン
TIEN CHIN HOTEL
2536-5678
麵屋武藏神
肥前屋
7

來吃鰻魚飯

我的一位旅日友人特愛吃鰻魚飯，而且近乎偏執地步。東京約有九百多家鰻魚料理店，他只愛港區的「宮川本店」鰻魚飯。每次約吃午餐，二話不說，直奔宮川。

位於三田五丁目巷內的老店「宮川本店」，中午的鰻魚定食有：宮川、特上、松、竹四種。米飯上肥嫩的兩片醬汁燒烤鰻魚，灑點山椒粉，佐以小菜、鰻肝清湯，味道鮮美、柔順，讓人口齒留香。

日本從江戶時代開始，就流傳鰻魚料理。在歲時記上，訂有「土用の丑の日」，這一天就是吃鰻魚飯的節日。土用是指：立春、立夏、立秋及立冬前的十八天期間；丑日則是依子、丑、寅、卯……推算。

一年四季的土用丑日，一般日本人最重視的，是夏至的土用丑日。不過，生活富裕的關係，現在的日本人隨時都會吃鰻魚飯。

為何選在土用丑日吃鰻魚料理呢？因為在季節交替時，身體容易引起不適。而鰻魚含豐富的維他命 A、維他命 B 群成分，對防止夏季倦怠、恢復疲勞及增進食慾，聽說效果十足。

鰻魚的調理方式，關東與關西地區各有不同。關東重視武士文化，對「切腹」有所顧忌，多從鰻魚背部切開，先烤後蒸，最後塗上醬汁再烤一次。關西則是重商主義，從鰻魚腹部切開，塗抹醬汁後，直接在炭火上燒烤。

至於我喜歡的鰻魚飯，則是位於港區東麻布日比谷通的五代目「野田岩」本店，號稱是野生天然鰻魚。我有時會帶同仁去，一人一個鰻魚便當，附上一碗鰻魚肝清湯，再點幾瓶啤酒，真是人生一大享受。

宮川本店的鰻魚飯定食

輯二

清酒小故事

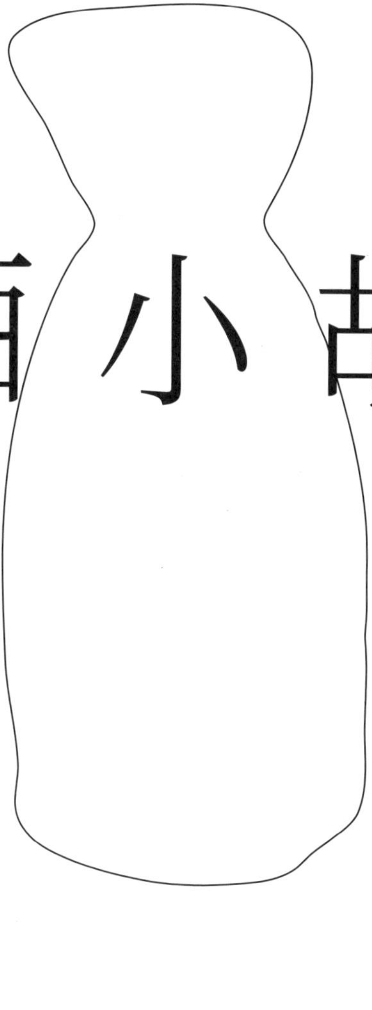

淺談日本清酒

清酒是日本人生活及社會文化的一部分，也是日本人引以為傲的國家產業。清酒英文SAKE與壽司SUSHI一樣，已經成為全球通用的專有名詞。目前清酒在台灣也逐漸形成一股風潮，受到年輕族群的青睞，趨之若鶩，成為繼紅酒之後，另一種時尚的象徵。

日本清酒約有兩千年以上的歷史，原本是用稻米釀製的混濁酒精液體（濁酒），專門用來祭祀天神。西元六四六年，日本推動「大化革新」，仿照唐代政經制度，同時引進中國的釀酒技術，釀製出來的酒液清澈如水，故名「清酒」，其後逐漸普及成平民百姓的飲用酒。

日本一般稱清酒為「日本酒」（酒稅法中的正式名稱為「清酒」）或「SAKE」，酒精濃度約十五度。清酒係以米、米麴及水發酵而成，屬於釀造酒，原料雖然單純，惟釀製方法複雜，味道華麗而多元。

日本國土狹長，南北三千多公里，氣候各異、溫度不同，加上水源、米質及杜氏（釀酒師）的釀酒技術不一，所孕育出來的風味與風情亦不盡相同。

日本財務省的貿易統計，二〇二〇年日本出口清酒的前五大國家，依序為：美國、中國、香港、台灣及韓國。現階段台灣進口的日本清酒超過兩千款，貨源涵蓋全日本四十七都道府縣的三五〇間酒造。足見台灣的清酒市場相當成熟，已進入日本清酒的戰國時代。

酒米知多少

釀製清酒的原料為：米、米麴、水。日本盛產稻米，一般的食用米雖然可以用來釀酒，但最能夠把清酒魅力與實力發揮到極致的，唯有「酒米」（Sakamai）。不同於一般食用米，為釀製清酒而栽種的米叫酒米，好的酒米才能釀出好的清酒。

酒米的栽種不易，根據調查，日本公認的酒米，約三十多種，如：初雫、出羽燦燦、五百萬石、美山錦、山田錦、愛山、雄町、土佐錦等等。其中，比較著名的是，山田錦、五百萬石、美山錦及雄町。

「山田錦」的主產地在兵庫，號稱「酒米之王」，占全日本酒米的三至四成，北陸一帶的「五百萬石」約占兩成，其次為東北的「美山錦」，以岡山為中心產地的「雄町」產量最少。

專家說，好的酒米要符合三要件。米粒要大，有心白，蛋白質含量要少。以一千粒糙米的總重量計算，二十六公克以上為大粒，二十四公克以下為小粒，至於一般食用米的「越光米」則約二十二公克。

心白是指米粒中心部，白色不透明的地方，為釀酒所需的塊狀澱粉聚集處。從切斷面看，心白形狀可分為線狀、眼狀、菊花狀。山田錦的心白為線狀，所以能磨到很精細的程度（如獺祭二十三）。

米粒中的蛋白質如果過多，釀酒過程中，容易產生雜味，所以在釀造吟釀及大吟釀時，要把酒米精磨到很小體積，目的是為了除去多餘的蛋白質。

大吟釀級的清酒，使用的就是粒大、蛋白質低、心白最大限度精磨的酒米。經過費心、費時且不惜成本精釀的大吟釀，聞起來馥郁、芳香，喝起來口感清爽，可以說是日本清酒中之極品。

順便一提，目前台灣清酒，除「吉野吟釀」（宜蘭中福酒廠）使用酒米以外，「玉泉清酒」（台灣菸酒公司）使用蓬萊米、「初霧吟釀」（霧峰農會酒莊）使用益全香米。

清酒的分類

清酒是以「原料」及「精米度」兩個依據，當作參考指標。不同的原料、精米度，產生不同的等級，價格也隨之不同。清酒依原料分為「純米」及「添加釀造酒精（又稱：本釀造）」兩大類；依精米度分為「純米酒、本釀造酒」、「特別純米酒、特別本釀造」、「純米吟釀、吟釀」及「純米大吟

釀、大吟釀」等四個等級。

上述所謂的「釀造酒精」，是使用澱粉質或含糖物質等製成的酒精，適量添加入酒液中，有穩定酒質的效果，酒的香氣會變得更為華麗豐富。一般添加釀造酒精用量，限制在白米重量的10％以下。

有關四個等級的精米度區分，分述如次：

一、**純米酒／本釀造**：精米度70％以下，釀酒過程中會添加釀造用酒精，味道清淡有個性。

二、**特別純米酒／特別本釀造**：精米度60％以下，釀酒過程中只加原料米、米麴及水，不添加酒精與糖類。

三、**純米吟釀／吟釀**：精米度60％以下，等於磨掉四成的雜質，運用特殊酵母低溫發酵，酒香濃郁帶果味。

四、**純米大吟釀／大吟釀**：精米度50％以下，等於磨掉米的雜質五成，是酒中極品。例如：獺祭二割三及獺祭三割九，均屬大吟釀級清酒。

精米步合

日文的「步合」是比例的意思，「精米步合」又稱「精米度」，是釀造清酒的術語。清酒的釀製主要利用米粒中心部分（心白）的澱粉質，轉化為糖分而產生酒精。米粒研磨越多，純澱粉質比例就越高，雜味越少、越香醇。

精米步合指研磨後的白米，占原來糙米的比重。例如：一批糙米磨去外殼四成後，所製成的白米占原糙米重量的六成，其精米步合即為60%。

近幾年，在台灣捲起一陣旋風的日本山口縣「旭酒造」釀產的「獺祭二割三」清酒，使用「酒米之王」山田錦進行研磨，精米度就是23%。聽說，最近「旭酒造」成功地將山田錦酒米研磨至8%。

此外，山口縣「堀江酒藏」釀產的一款「夢雀」清酒，完全使用有機酒造米「伊勢光」釀製，精米度18%。這一款酒每年限量出售，價格不斐，台灣清

酒市場尚未看到。

還有號稱「夢幻之酒」的山形縣「高木酒造」釀製的「十四代」系列最高級「龍泉」純米大吟釀，則是採用「山田錦」酒米，精米度35％。

日本酒答客問

山廢與生酛

答客問一　日本酒標示的「山廢（やまはい）」是什麼意思？

1 以往釀酒時，酒藏工人需要將蒸米以木棒搗碎，提升糖化速度，這個過程叫「山卸」，極為費時與費力。「山廢」就是廢止這項傳統累人匠法，而以酒造中的天然乳酸菌進行發酵。

2 利用此方法釀造的清酒，稱為「山廢酒」。這類酒因為用了乳酸菌發酵，帶有一股淡淡的乳酸香氣，非常地特別。

3 此外，有的清酒標籤上會註明「日本酒度」（＋、－數字）這一項。「－」屬於甘口型，「＋」屬於辛口型。數字越大越濃醇。

答客問二　日本酒標籤上所標示的「生酛（きもと）」，是什麼意思？

1 釀酒時，將蒸熟的酒米，加入米麴、酵母及乳酸菌，讓它發酵成酒精。

2 其中，乳酸菌具殺菌功能，可保持清酒不致腐壞。而採用的乳酸菌，分人工、天然兩種，使用天然乳酸菌的清酒，就叫「生酛」或「生酛仕込み」。

3 專家建議：「生酛」清酒，冰鎮、溫熱（燗）兩相宜！

原酒與地酒

答客問一　在日本酒的標籤上，有時會看到「原酒」字樣的標示，什麼是「原酒」？

1 日本酒在釀製貯藏後，會加水將酒精濃度調整至十三至十六度。這種加水的過程，日本人稱為「割水（わりみず）」。原酒指的是，尚未進行「割水」的日本酒。

2 「割水」不只調整酒精的度數，同時也會調整日本酒的香味與口感。而所謂的「原酒」，就是未經調整濃度、香度及口感度的日本酒。

3 酒米因種類不同，香味及口感各異，「原酒」約二十度前後，濃度較高，它的魅力就在於能直接品嚐日本酒的原味。

4 專家建議：「原酒」直接加冰塊喝，最佳！

答客問二　經常聽到有關「地酒」的報導，究竟「地酒」是什麼呢？

1 顧名思義：全國各地生產的酒，就叫「地酒」。

2 古時候，相對於京畿周邊生產的酒叫「上方酒」，地方生產的酒叫「地酒」。目前已無「上方酒」稱謂，舉凡在地方生產的酒，或僅在地方性市場販售的酒，統稱為「地酒」。

3 以往「地酒」專指日本酒。最近有也人把地方的燒酒、梅酒、紅酒，稱之為「地酒」，甚至啤酒也稱「地ビール」，就是在地啤酒。

4 感覺上「地酒」稱謂偏向鄉土味、價格便宜，所以具全國知名度的清酒，不會強調它是「地酒」，而直接以其品牌販售，如：獺祭、十四代、黑龍、久保田、而今、田酒。

5 提供另一則小常識：買日本紅酒時，會看到「日本ワイン」及「国産ワイン」的標示。前者是指用日本產葡萄、日本製造的紅酒，亦即100％日本產紅酒；後者指國外進口的葡萄，在日本製造的紅酒。

清酒的喝法

1 **冷酒**：這類喝法，注重酒香。把飲用溫度控制在十至十五度之間，酒器也需事先冰鎮過，酒香會凝聚在口中。冷酒適合精米步合高、低溫發酵的吟釀、純米吟釀以上的清酒。

2 **溫酒**：可依個人喜好，加熱至四十或六十度上下，適合加熱的酒為普通清酒、本釀造酒、純米酒等，加熱後可將酒香完全散發出來，喝起來味道濃烈。

3 **常溫**：約十五至二十度之間，可依季節稍作調整。在居酒屋，清酒以一合（一八〇毫升）為單位，分成一合與兩合兩種規格。

4 有些居酒屋會提供一個正方形小盒子（木枡），在裡面放上小酒杯，當面幫客人斟酒，小酒杯溢出的酒會流到木枡中。飲用順序如下：先品飲酒杯中的清酒，喝完後木枡中的酒倒回杯中，將混合著木頭香氣的殘酒一飲而盡，不失為一種品酒趣味。

點酒小撇步

答客問一　清酒（日本酒）究竟該怎麼喝，加熱、常溫、加冰塊或冷酒？

1 清酒大概有四種喝法：加熱、常溫、加冰塊、冷酒（冰鎮）。

2 或許受日劇影響，一般人先入為主的印象，以為日本酒都要溫熱後喝，其實還是依個人喜好，沒有一定的限制。

3 不過一些專家或比較講究的酒造，會給客人建議：

1. 普通清酒、本釀造、純米酒四種喝法均適合。
2. 生酒、生貯藏酒等二類，不適合加熱，宜常溫或冰鎮後喝。
3. 吟釀及大吟釀，酒質高貴穩定，加熱或加冰塊會影響純度，甚為可惜。建議喝冷酒（冰鎮），味道更香醇（即使冬天亦同）。
4. 燒酒不同於日本清酒，酒精約二十五度左右，通常以加熱、對水或加冰塊喝。

答客問二　在日本的居酒屋，怎麼點日本酒呢？

1 日本酒以「合」計算，一合是一八〇毫升，通常從一合或二合點起。一般中瓶七二〇毫升是四合，一升瓶為十合（一八〇〇毫升）。

2 日本酒依照溫度的處理，有不同的稱呼。冰鎮的叫「冷酒」，常溫的稱「冷や」。熱燙的「熱燗」高約五十度左右，溫熱的「ぬる燗」約四十度。

3 倒酒的酒器是「德利」（大德利可裝二合，小德利是一合），小酒杯叫「猪口」（酒杯一般是陶瓷或玻璃製），方型的木盒杯（中間置放小玻璃杯），叫「枡」。

4 「枡」的喝法，一般先喝木盒內的玻璃杯酒，再把木盒內的酒倒入玻璃杯喝。也有玻璃杯喝完後，直接拿木盒喝。此時請注意，專家說正確的喝法，是從木盒的四邊喝。從木盒四個角喝，較為失禮，原因待查。

賞味期限

答客問　究竟日本酒的賞味期限是多久？

根據個人經驗及聽專家的說法：

1 日本酒與威士忌、紅酒一樣，無所謂賞味期限。但是專家建議，一年內品嚐風味最佳。

2 開封後的日本酒，最好於兩、三天內喝完，超過一個禮拜的話，味道會稍有變化。

3 日本酒當中的「生酒」（生貯藏酒），因未經過熱處理，與一般日本酒不同，不要擺超過九個月。

4 直接日曬可能影響日本酒的品質，建議仍宜存放於陰涼處。專家建議，超過五至十年的日本酒，品質多少受到影響（不至於變成醋），可以拿來當料理酒用，避免浪費。

日本「杜氏」的流派

「杜氏」是指釀製清酒的職人，更精準的說法，杜氏是酒廠的首席釀酒師，一般釀酒的職人稱為「藏人」。杜氏一詞，據說源自中國的「杜康」，杜康善於造酒，被尊為酒神，是製酒業的祖師爺。

日本全國約有三十多個杜氏集團，其中以岩手縣「南部」杜氏（約三七〇人）、新潟縣「越後」杜氏（約一七〇人）、兵庫縣的「丹波」杜氏（約四十人）、石川縣的「能登」杜氏，號稱日本的四大杜氏集團。

大致說來，南部杜氏的釀酒，酒氣芳香高雅，越後杜氏淡麗辛口，丹波杜氏偏向粗獷結實，能登杜氏則屬於濃厚華麗。不同的杜氏集團，釀酒的風味亦隨之不同。

其實，酒造內實際從事釀酒的都是「藏人」，「杜氏」是負責現場技術指導、溝通及人力分配等工作。杜氏並無任何必要條件，但需經過多年「藏人」的經驗累積，才能坐上這位子。根據日本雜誌二〇二一年調查報導，杜氏平均年齡為五十九點五歲，年收入為三四一萬日圓（月薪二十八萬），藏人的年薪約三六〇萬（月薪三十萬），這打破了大家認定杜氏或藏人高薪的刻板印象。

清酒的釀造，自古以來存在著「寒造」的概念。在十二月至二月的寒冷季節下，雜菌不容易繁殖增長，是最適合進行釀酒（寒造）的時節。這段期間在杜氏指揮分工下，藏人們閉關於酒造中，長達半年左右不能回家，為釀製出一瓶瓶引以為傲的銘酒，付出無數的血汗。

自古以來，在酒造裡服務的工作人員清一色是男性，酒造一向是女性的禁地。一九七五年，新潟的「市島酒造」誕生第一位女性的杜氏，從此之後，女性亦開始投入釀製清酒的行業。

杉玉

經常看到日本的酒造或酒鋪的屋檐下，掛著一顆棕褐色、刺刺的大圓球，究竟那是什麼碗糕？

這是用杉樹葉製成的，日文叫杉玉（sugitama），亦即杉樹葉的圓球。杉玉源自奈良祭祀酒神的大神神社，於每年十一月十四日懸掛杉玉，祈求釀出甘美的新酒。

本來杉玉僅限用大神神社所在的三輪山的杉木，後來這傳統習俗普及全國的酒造、酒鋪，甚至料理店，杉玉供不應求，於是店家就自行或委外製作。

一般的酒造，都在二至三月新酒的季節，懸掛杉玉。酒造懸掛杉玉，等於是對外宣布「今年的新酒已經釀好了」的訊息。

酒造在二、三月開始懸掛杉玉時，新的杉玉是綠色的。而隨著季節的變化，杉玉逐漸褪色，最後形成茶褐色。從杉玉的顏色，可以了解日本酒的釀製期程。深綠色時（二~六月）是新酒，淺綠色（夏天）是夏酒，茶褐色則是秋天的冷卸酒（ひやおろし）。

目前，一些傳統的酒造，每年仍保存著依照時序懸掛杉玉的習俗。至於一般的酒鋪並不講究，通常是一顆杉玉掛到底，壞了再換新。

杉玉又名「酒林」，據說杉樹就是酒神的代表物，以往酒祭時會用杉樹葉紮成小小的「杉玉」，分送給各酒造，祈求酒造釀酒順利，據說這就是酒商懸掛「杉玉」習俗的由來。

你沒聽過的「獺祭」等外

毫無疑問的，「獺祭」應該是最近這幾年來，國內最夯的日本清酒。這款來自日本已故首相安倍晉三家鄉山口縣的「旭酒造」清酒，已經打開世界知名度。一般熟悉的獺祭，依序以：獺祭遠心分離、獺祭廿三、卅九及五十為大宗，應該很少看到「獺祭等外」這款吧！

「等外」簡單的說，就是等級規格之外。獺祭是採酒米之王「山田錦」100％釀造。「山田錦」酒米栽種不易，產量也少，規格區分為一至三級。在這三等級以外的酒米，歸列為所謂的「屑米」。

通常每一批收成的山田錦酒米，都會出現約 5％的屑米。旭酒造為免浪費，創增產值，特別將這些屑米磨去70％，釀製成等級之外的「獺祭」清酒出售，數量有限。

「等外」級的獺祭相當「獺祭三十」等級，只因酒米屬規格外，就列入普通酒待遇，價格也隨之便宜約一半（一瓶七二〇毫升，售價僅約日幣一千五百元），但喝起來的口感，與獺祭卅九、五〇相比，毫不遜色，性價比高。據我所知，「獺祭」等外清酒並未進入台灣市場，如果赴日旅遊，在市面上看到「獺祭 等外」的話，建議各位搶購就對，鐵定值回票價。

魔幻之酒

二〇一六年十月，山口縣的「Archis」酒商在杜拜亞曼尼飯店，舉辦了一場清酒試飲會。推銷一支名為「夢雀（むじゃく）」的日本酒，獲得唎酒師最高的評價。

結果七五〇毫升一瓶的「夢雀」，在亞曼尼飯店以六十萬日幣的天價賣出。酒商女老闆松浦奈津子，原是日本清酒的素人，現在正掀起日本酒的革命。

「夢雀」是山口縣歷史悠久的「堀江酒藏」釀產，精米度18%，完全使用有機的最佳酒造米「伊勢光」釀造。一九八九年三重縣遭逢颱風，伊勢神宮所屬神田的水稻全被吹倒，唯獨二株稻穗屹立不動。經鑑定，發現這兩株奇特的稻穗與過去品種不同，是「越光米」變種，乃取名為「伊勢光米」。

目前坊間的「夢雀」，二〇一六年夏天，在日本標價日幣八萬八千，限定一千支，分在日本、杜拜、法國及香港販售。據說，香港東方文華酒店，以三十萬日幣售出。真是貴得嚇人！

歌舞伎町的「黃金街」

根據東京都廳二〇一七年調查，訪日外國觀光客最常去地方，前三名分別為：新宿56％、銀座49.7％、淺草45.7％。其中，新宿又以「歌舞伎町」為冠。

歌舞伎町一丁目的「新宿ゴールデン街（黃金街）」，始於二戰後。街名雖為「黃金街」，卻與「黃金」毫無任何關聯。這是一條狹長的小街道，兩旁餐館、酒吧林立，也不知道從何時起，有不少的演藝人員、作家、文化人在此群聚活動，「黃金街」名聲不脛而走。

目前新宿「黃金街」巷弄裡，集合了約近三百家各式各樣的店鋪，瀰漫著昭和年代的濃濃復古情懷，成為國外觀光客的朝聖景點。聽說國內的侯孝賢導演也曾經來此一遊。

新宿「黃金街」的巷弄，均屬私有地，在巷弄通道的布告欄上，張貼著禁止下列事項的通告：

> 一、吸煙、群聚喧嘩
> 二、飲酒、嗑藥
> 三、未經允許，不得攝、錄影

除此之外，通告上還有幾行「酒客心得」建議：

> 1 每家酒館僅五至十個座位，建議最多停留一小時，續攤第二家。
> 2 一般消費行情約五百至一千日幣，建議事前最好向店家確認價錢。
> 3 最好吃過晚飯後再來消費（適合續攤客小喝）。

我們是下午去「黃金街」閒逛的，所有店鋪尚未營業，整條街看起來有些冷清。穿梭在小小的巷弄之間，覺得氣氛有些詭譎，趁四下無人，匆忙拍照後，閃人。

「貴」而不貴的山口地酒

最近幾年，台灣掀起一股日本清酒熱。尤其「獺祭」真是火紅，讓喜愛清酒的酒客趨之若鶩。聽說，在台北很難搶到「獺祭」，而且以日幣標價直接賣成台幣價格。

獺祭，原是山口縣一個無名的深山裡的小酒造（旭酒造）所釀造的清酒。因為當年美國總統歐巴馬訪日時，時任首相的安倍晉三在國宴上，以家鄉山口的「獺祭」清酒，招待歐巴馬總統而聲名大噪。

獺祭的老闆，為了讓這款酒維持一貫品質，大膽嘗試以電腦作業取代人工釀酒，導致酒造的「杜氏（釀酒師）」集體出走至同縣內的「永山本家」酒造，並精心推出一款名叫「貴」的日本清酒來對抗「獺祭」。

「貴（TAKA）」清酒，是我日本朋友中川先生推薦的。他是十足的清酒

痴，對各地清酒如數家珍。幾十年下來，品嚐過上千百款清酒，而且每次餐會，他都會隨手帶來各地上等清酒，分享給大家。前些時候的一次餐會，中川先生攜來傳說中「永山本家」酒造的清酒「貴」。這款七二〇毫升純米大吟釀，原料為國產米「山田錦」（酒米之王），酒精濃度十六度，精米步合50%（一粒米磨去一半的意思）。

於冰鎮後品嚐，發覺「貴」的味道香醇爽口、滴滴回甘，頓時讓人觸動味蕾。說實在的，與「獺祭」相比，價格便宜，品質毫不遜色，CP值甚高。「貴」而不貴的好酒，鄭重推薦！

酒、拉麵與詩人

幾年前，在天母的SOGO樓上，吃了一次來自日本北海道的「山頭火」拉麵，覺得味道不錯，但最吸引我的還是它特殊的店名。

「山頭火」店主畠中仁，昭和六十三年，在北海道旭川開第一家店。當時全日本的拉麵，多半是醬油拉麵，畠中推出以鹽味作湯底的豚骨拉麵，獲得超高的人氣。

之後，「山頭火」開始向國內外拓展事業版圖。目前日本國內連鎖店十五家，集中於北海道及東日本；海外分店四十七家，集中於北美、東南亞、香港及台灣。

其實，「山頭火」店名取自昭和初期俳人種田山頭火的俳號。種田是山口人，與北海道毫無關聯。據說，店主畠中與種田一樣，是嗜酒如命的酒鬼，於

種田山頭火之像（新山口車站前廣場）

是半開玩笑地將店名取為「山頭火」。

種田山頭火出生於山口縣，本名種田正一，早稻田大學文學部中退。是一位不拘泥於一般俳句字數（五－七－五）及季語的「自由律」俳句詩人。

種田三十一歲開始以「山頭火」名號，在雜誌發表所謂「自由律」的俳句。取此名號緣由，據說是期待自己像山頭上的一把火，希能燃燒出眾所矚目創新的文學風氣。

其後，種田更以「一笠一杖」的禪僧方式，浪跡九州及四國，持續創作。五十六歲移居愛媛，最後病逝於松山。終其一生，留下近八萬首以上的俳句。

因為一碗拉麵，拉近我與種田山頭火的距離。也才知道山口人以種田先生為榮，並藉著種田的嗜酒，行銷「山頭火」清酒，惟效果似乎有限。反不如北海道的拉麵，突發奇想之舉，意外將「山頭火」稱號帶到全世界。

鯨海醉侯

我迷上清酒，是二〇一七年秋天。在一次餐會的場合，日本友人帶來兩瓶高知的「醉鯨」吟釀酒。

略帶淡麗果香的辛口醉鯨吟釀，配上高知的傳統稻草炙燒鰹魚及皿鉢料理，堪稱是完美的組合。

「醉鯨」取名於土佐藩十五代藩主山內容堂的雅號「鯨海醉侯」，山內家甚至同意提供三葉柏（土佐柏）家紋，給醉鯨當作商標。

土佐原為長宗我部氏領地，長宗我部盛親在關原之戰投靠西軍兵敗，領地遭德川家康沒收，改封給愛將山內（一豐）氏統領，直到明治廢藩置縣。

醉鯨是醉鯨酒造的主力產品，基於「像悠遊大洋的鯨魚，大口喝水」的發想，在土佐傳統地酒的淡麗、辛口基礎上，以新的技術開發出良質的醉鯨吟釀酒。

友人被譽為日本官廳中的清酒博士，他說醉鯨堅持「餐中酒美學」，作為料理的最佳配角，儘量在不喧兵奪主、不影響料理的美味下，維持淡淡的香氣而酒勁十足。

四國地區的地酒，以高知（土佐）最具名氣。高知瀕臨太平洋，自古以來漁業發達，當地人多數以捕魚為生，與生俱來的豁達開朗精神，自豪是酒國英雄之地。就本人的實戰經驗，除「醉鯨」以外，「司牡丹」、「船中八策」及「土佐鶴」這三款酒，亦值得大力推薦。

隱藏版的福井地酒

一提到清酒，一般認為以近畿、東北及北陸等三個地區的地酒品質最佳。而北陸三縣（不含新潟縣）：福井、石川及富山的日本清酒當中，我比較喜歡且比較熟悉的是福井的清酒，特別是「黑龍」、「梵」及「白龍」這三款。

在東京工作時，我們的對口單位中島長官是福井人。他酒量雖然不好，幾杯下肚就滿臉通紅，但每每以福井的地酒自豪，我也因他而與福井地酒結緣。

中島先生說，大家都一窩瘋地追求大吟釀，其實真正的「酒通」，都偏好吟釀而非大吟釀。因為大吟釀級太過於講求精緻度，失去了酒的原味。吟釀級酒的味道絕不亞於大吟釀，而且價格較便宜，性價比高。

日本的酒米當中，以「山田錦」及「五百萬石」最具知名度。福井的五百萬石米，產量居全國第二位。此外，福井依山傍海，物產豐富，地理上接近京畿之便，自古以來釀酒業發達，目前縣內高達三十七個酒造。

根據二〇二一年福井地酒的最新排名調查，前五名分別是：黑龍、梵、花垣、九頭龍及白龍。除「花垣」外，其他四款酒我都喝過。在此，鄭重推薦「黑龍」及「梵」這兩款地酒。

至於富山的「滿壽泉」、「體泉」、「羽根屋」，近幾年逐漸打開知名度；石川的地酒在市面上比較少見，知名度也不高，截至目前為止，我只喝過「神泉」一款。託北陸新幹線開通之便，北陸地區已不再是當年的後山，從北陸到東京只需兩個多小時，相信未來北陸地區的銘酒，會大舉進入東京。

一起喝花酒

與那國島位於沖繩本島西南五百公里，面積不大，人口約一千七百人，是日本最西端島嶼。與那國島距離宜蘭蘇澳僅一百多公里，天氣晴朗時，清楚可見台灣的山脈。

小小的與那國島上有三座酒造，國泉酒造是其中之一。國泉酒造以釀產六十度的燒酒「花酒」（どなん donan）而聞名。

為何稱どなん（漢字：渡難）？原因是小島屬於斷崖地形，由於四時天候不穩，從九州或沖繩本島渡島困難，故稱「渡難」。

日本酒稅法規定，單式蒸餾燒酒濃度（包括：泡盛），以濃度四十五度為上限。一般泡盛約四十五度上下，どなん濃度六十度，超過「泡盛」規定濃度上限，故標示為「花酒」（實際上是泡盛的一種）。

2018・2019年春季
全国酒類コンクール
泡盛部門最高賞
第1位
特賞
暖流

どなん

花酒類似伏特加、龍舌蘭酒，可以喝純的，或對冰塊喝，味道不錯。此外，「花酒」的酒瓶是用當地產檳榔葉包裝，風格特殊，自用送禮兩相宜。

這瓶「渡難」酒是日本官廳老友石井送的，他從沖繩調回東京，隨即前來我辦公室「著任挨拶」（履新拜會）。當天還有一位伊佐（ISA）小姐隨行，一看姓氏便知她來自沖繩。伊佐小姐大學副修中文系，自然被指定為我們雙方的聯絡窗口。

沖繩的歌謠，經常會夾著一些「掛け声」（吆喝聲）如：イーヤーサーサー（I YA SA SA）。我笑著跟伊佐小姐說以後我們一唱沖繩歌謠就會想到妳，伊佐小姐說：「佩服顏顧問，真是日本通。」

在伊佐小姐擔任聯絡窗口的兩年期間，她與我們辦公室互動極佳，特別友善與親切，她甚至很得意地稱我是她「台灣的父親」，而我們也因為伊佐小姐的熱心協助，在雙方的合作上屢創佳績。

今晚喝這支

在台灣，大家比較熟悉的新潟清酒，大概都是八海山、久保田、越乃寒梅吧！我手邊有一支「萬壽」級的久保田（一升瓶）純米大吟釀。

今晚正好有台灣朋友餐會，「獨樂樂不如眾樂樂」，就拿出來與大家分享。萬壽的酒精度十五度，精米步合50%。經過冰鎮後的「萬壽純米大吟釀」香醇順口、不辛辣，搭配中華料理亦毫無違和感，餘韻繞舌久久不退，不同凡響。

趁機會介紹一下這支酒。「久保田」是新潟「朝日酒造」所出產的銘酒，等級區分為：百壽、千壽、紅壽、碧壽、萬壽。萬壽的一升瓶（一點八公升）售價日幣八千多，算是經濟實惠。

萬壽與碧壽是純米大吟釀級清酒，尤其萬壽是久保田系列大吟釀中最高等級；千壽與紅壽是純米吟釀級清酒，百壽則是「特別本釀造酒」（添加釀造酒精）的米酒。

特別是，發現「萬壽」純米大吟釀的紙盒上，印著李白的〈月下獨酌〉詩句：「天若不愛酒，酒星不在天。地若不愛酒，地應無酒泉。天地既愛酒，愛酒不愧天。已聞清比聖，復道濁如賢……」原來李白所寫的〈月下獨酌〉總共有四首詩。我們通常只知道第一首：「花間一壺酒，獨酌無相親，舉杯邀明月，對影成三人……」人家說，喝酒也是一門學問，今天喝了酒，也長了知識。

マグロ酒場
ほんじょ屋
鮪
鮪の白子天ぷら 680円
鮪かま肉の唐揚げ 580円
鮪のスペアリブ 580円
鮪かま塩焼き 680円
鮪のど肉のユッケ 780円
鮪の脳トロ刺し 880円
鮪のかまトロ炙り刺し 780円
生鮪 中落ち丼 580円
鮪のカラスミ 480円
鮪のつくね串 380円
鮪の串焼き三種盛り
サワー各種 350円～
日本酒 焼酎 450円～
ゆったり60席
宴会コース 2,500円～
Tel 3846-1777
営業中
大人気
定食 ¥690
もつ煮
手作り
自家製

來自北國的清酒

同事從北海道出差回來，送我一支日本最北端北海道增毛町「國稀」酒造會社的「國稀（くにまれ）」純米吟釀。增毛町的「增毛（ましけ）」是愛奴語，意思是有海鷗的地方。當地自古以捕鯡魚而聞名。

國稀酒造創立於明治年間，原名「丸一本間酒造」，平成十三年改名國稀酒造，並推出主力清酒「國稀」。原本廠方傾向將新酒命名為「國譽」，但由於創辦人十分尊崇乃木希典大將，堅持將「譽」字改為「稀（希）」字。

在接過這瓶酒時，腦海浮現的是，增毛町這個遙遠北方濱海、名不見經傳的極寒小漁港，這裡正是我的偶像高倉健所主演電影《驛》的舞台。

早年看過這部電影，高倉健飾演警官，因緝凶而與凶嫌妹妹及愛人之間，發生糾結不清的情愛故事。高倉將外冷內熱、沉默寡言的角色，發揮得淋漓盡致。

本片令我印象深刻的是，男女主角在港口旁居酒屋裡的一場對手戲。風雪交加的夜晚，高倉與倍賞（千惠子）在吧檯上無語對飲，此時背景音樂響起八代亞紀的〈船歌〉（舟唄）哀傷的曲調，有種讓人想哭的寂寞無奈，堪稱全劇中最經典的一幕。

高倉健一九七七年因主演《幸福的黃手帕》一炮而紅，其後陸續主演《遠山的呼喚》、《鐵道員》多部膾炙人口的電影，大多以北海道為舞台背景。高倉健生平演過兩百多部戲，其中包括一部中國片，就是張藝謀導演的《千里走單騎》，高倉所塑造的冷峻寡言的男子漢形象，征服不少中國的女性觀眾。

二〇一四年十一月，高倉健病逝東京，享壽八十三歲。日本人口中暱稱的「健ちゃん」，留給影迷無盡的追思，中國外交部甚至罕見地在記者會上，對高倉的逝世表達哀悼之意。

黑心居酒屋

最近看了一部由秋山滝美小說改編的日劇『居酒屋ぼったくり』（黑心居酒屋）。故事描述東京下町某商店街，一對年輕姐妹美音與馨，共同經營父親所留下來的居酒屋。日文「ぼったくり」是敲竹槓的意思。店名來自其父親的發想：如果客人覺得料理不好吃，不值付出的花費，那就是敲人竹槓。

猛一看店名，令客人心生畏懼，不敢貿然踏進。其實，姐妹二人每天精心調理菜餚，與客人自然親切的互動，料理物超所值，是充滿溫馨與濃厚人情味的下町居酒屋。

類比以前的另一齣日劇《深夜食堂》，《黑心居酒屋》的特色是，每集片尾特別介紹當天出現在酒桌上的銘酒，並由女主角示範佐酒小菜作法，很生活化，是值得推薦的一部日劇。

おじゃったもんせ
歓送迎会は、おいどんで！
ご予約承り中
居酒屋 おいどん
営業中

居酒屋文化源於江戶時代，以前酒屋只單純賣酒，不提供店內飲食服務。為何叫「居酒屋」呢？日文的「居」有「在、停留」的意思。「居続けて飲む（留在店內喝酒）」稱為「居酒」，故「居酒屋」亦即「居酒之屋」，這就是「居酒屋」名稱的由來。

順帶一提，我曾與友人赴林森北路「貍」居酒屋。一踏進店裡，彷彿置身東京的錯覺，不過之後的料理與接客，以我多年闖蕩日本各地居酒屋的經驗，似乎還少了一味。尤其日本清酒的價格，貴得毫無道理可言，而且幾乎是日幣一千元賣台幣一千元。

「初霧吟釀」與我

曾跟朋友約在衡陽路一家日式料理店小聚，發現酒單上有「初霧」吟釀，不曾見過這個品牌，乍看之下以為日本酒，名字頗富詩意及日本味。服務生送上酒，赫然察覺這款「初霧」吟釀，竟然來自於台中霧峰農會酒莊的國產清酒。辛口、淡麗清爽，物超所值，不輸日本酒，令人驚豔！

我專攻日本清酒，在旅日的十幾年來，遍嚐日本各地銘柄清酒，不計其數、如數家珍，但對於國產清酒則是白紙一張。「初霧」吟釀可說是我的初體驗。

原來「初霧」是以霧峰的益全香米、埔里的山泉水，以及日本進口的酵母菌釀製而成的。釀酒的技術，承襲自日本越後杜氏的「心魂傾注」精神。

為探究國產清酒的行銷策略，我南下拜訪霧峰農會黃總幹事等人。黃總說「初霧」的「初」指首次，「霧」是指霧峰。名稱來自前駐日代表處許姓友人建議。

黃總口中的許姓友人，正是我多年前的老同事。而霧峰酒莊於二〇〇六年十二月十日成功釀出第一桶清酒，巧合的是，十二月十日也是我國曆（身分證）的生日。

霧峰農會酒莊的「初霧」計有：純米大吟釀、純米吟釀及吟釀等各級清酒。近幾年來，「初霧」一系列清酒，在國際酒類競賽中屢獲大獎，堪稱清酒類的台灣之光。

此次兩天一夜的「初霧」學習之旅，霧峰農會酒莊幾位朋友熱誠為我釋疑，收穫滿滿，內心十分感恩。

文末，謹以這幅對聯做註解：

霧裡看花論清酒

峰迴路轉又一莊

談談燒酎（燒酒）

一般人容易將清酒及燒酒搞混。清酒與燒酒兩者在釀造方式、味道及價格截然不同。在日本的料理店或居酒屋，一般講「日本酒」指的就是清酒，至於燒酒就直接稱「XX燒酒」即可。

燒酒依蒸餾方式不同，區分為「甲類燒酒」與「本格燒酒」兩種。甲類燒酒採取連續式蒸餾或用純酒精稀釋後，添加香精或少許本格燒酒而成，酒精濃度約卅六度以下；本格燒酒則是原料經過發酵，或直接利用酒粕採單式蒸餾機蒸餾而成，酒精濃度在四十五度以下。

日本的燒酒種類有：米燒酒、地瓜燒酒、麥燒酒、黑糖燒酒及泡盛燒酒。其中，沖繩著名的「泡盛燒酒」是用泰國米及黑麴菌蒸餾而成的，由於發酵時會產生大量氣泡，使大米膨脹上浮，故稱「泡盛」。泡盛的酒精濃度約二十至

四十幾度，氧化較慢，所以特別香醇濃郁。一般三年以下的泡盛稱為新酒，三年以上的才能稱為古酒。

清酒產地主要在分布於北海道、新瀉、秋田、愛知及神戶。九州地區及沖繩，則以生產各類燒酒聞名。一般來說，等量的清酒的價格高於燒酒一倍以上。

你知道嗎？

「燒酒」的喝法

1. 加熱開水：將燒酒與熱開水以六：四比例調配，再放入一顆醃漬的梅子，味道甘甜爽口。
2. 加冰塊（Rock）：先把冰塊放進杯子，再倒入燒酒，適合夏天飲用。
3. 加蘇打水或雪碧：即沙瓦，受到一般女性的歡迎。
4. 加烏龍茶或各類果汁（如：柳橙、葡萄柚、檸檬及可爾必思），此即所謂的「チュウハイ（chouhai）」，味道各有特色，適用於地瓜燒酒、黑糖燒酒及麥燒酒。

再談燒酎（燒酒）

無意間在港區白金台的「唐吉軻德」大賣場，發現這一支芋燒酒「一刻者」。為什麼會引起我注意？因為一般「芋燒酒」要加入米麴釀製，而「一刻者」是直接加芋麴來釀製的，也就是百分之百的芋燒酒。

這裡的「芋」，指的是地瓜。燒酒的種類很多，常見的有：米燒酒、麥燒酒、芋燒酒、蕎麥燒酒、黑糖燒酒。其中，除麥燒酒是用麥麴及麥釀造外，其餘的燒酒幾乎都要加入米麴釀製。

國人容易將清酒與燒酒搞混，其實，兩者明顯不同。清酒是釀造酒，度數低，約十五至十六度；燒酒屬於蒸餾酒，濃度約廿五度。以同樣容量的酒，清酒價格高出燒酒一倍上下。

燒酒蒸餾過程，大致採「連續蒸餾」及「單次蒸餾」兩大類。單次蒸餾濃度高，亦稱「本格燒酒」。琉球具代表性的「泡盛」酒，濃度高達四十五度，一般歸類在燒酒內。

清酒通稱「日本酒」，去居酒屋喝酒時，跟店家講「日本酒（nihonshu）」，店家會直接送上清酒。反之，想喝燒酒時，就要明講「燒酒（Shochu）」，才不會造成誤會。

日本人喝芋燒酒、麥燒酒居多。一般燒酒喝法，大致區分有四種：對冰塊（ロック、rock）、對水（水割り）、對溫開水（お湯割り）、對汽水（炭酸割り）。至於比例，則依個人喜好，以六：四居多，七：三或五：五亦可。

一提到燒酒就讓人聯想到九州，九州是燒酒的最大產地。九州人生性剛烈、俠義，自古有「九州男兒」美譽，似乎與燒酒蠻登對的。不過燒酒喝起來辛辣、嗆鼻，個人還是獨鍾日本酒的香醇、溫和與順口。

輯三

三千里路雲和月

旅路抒懷

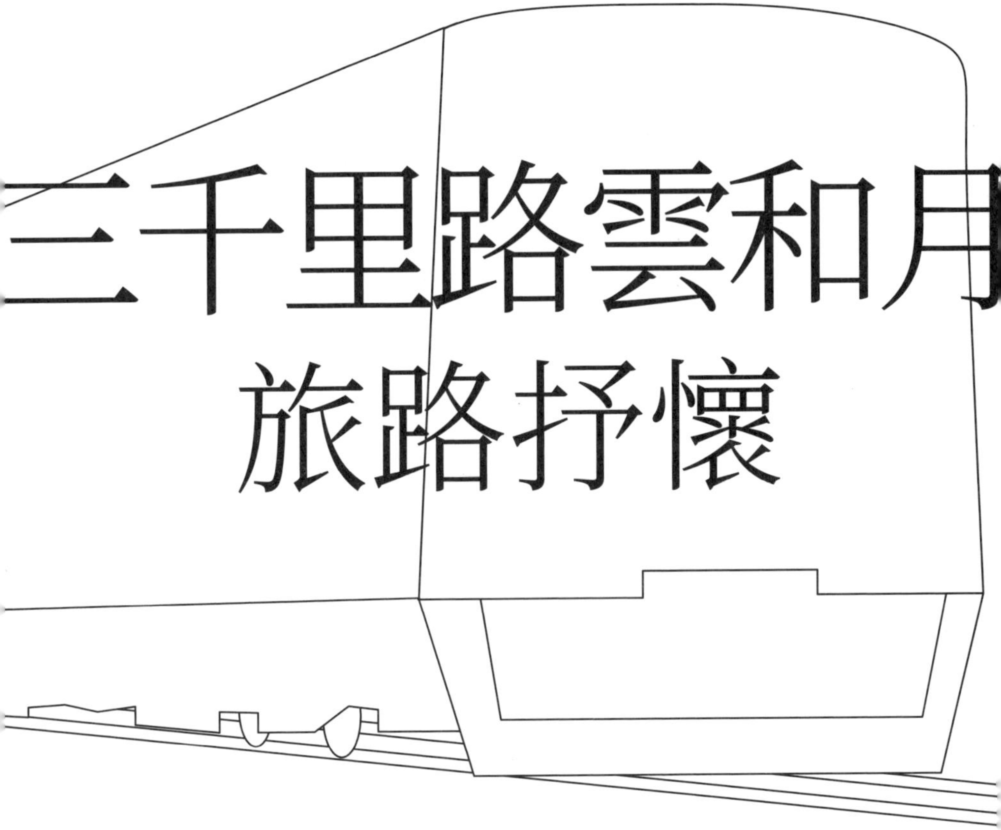

四國遊蹤

二十四隻眼睛

從高松港搭上「Olive Line」渡輪，站在甲板上，沿途欣賞散佈在瀨戶內海的大小島嶼，雲淡風清、心曠神怡，約莫一小時就抵達小豆島的土庄港。小豆島是《魔女宅急便》電影的舞台，但我此行則是來感受昭和女作家壺井榮的小說世界。

下了船。立即奔向港口旁公園的「和平的群像」，這是女作家壺井榮《二十四隻眼睛》小說的紀念雕像。《二十四隻眼睛》描述二戰前至終戰十八年的悲情故事，壺井以自身在戰爭中存活下來的體驗，敘述戰爭給一般百姓帶來諸多苦難悲劇。小說後來也成了「反戰文學」代表作。

師範畢業的大石久子，來到島岬分教場，正好教導新入學的十二名孩童（所以小說取名「二十四隻眼睛」）。個性開朗的大石老師，每天穿著洋裝、騎腳踏車上課，很快與孩童親近，建立濃厚的師生感情。在當時保守的寒村，普遍不能接受大石開放作風，惟孩童喜愛大石，家長亦無可奈何。大石不久轉到校本部，與十二個孩童依依不捨分離，約定日後再見。

一九三二年，大石回到分教場，正好碰到二戰爆發，在這群孩童畢業同時，大石憂心戰爭而辭去教職。十二個孩童也因為戰爭，開始踏上不同的命運。

對著即將遠赴戰場的孩童們（學徒兵），大石一直呼喊：一定要活著回來喔！

戰後，經歷丈夫戰死、么女病逝的大石，重拾教鞭。大石的學生當中，有許多當年十二名孩童親族。大石思念心切，每次課堂點名時就感傷流淚。後來，透過一名學生的奔走聯絡，大石終於與十二名學生中倖存的幾位再會。從當年學生口中，得知十二名學童中有病死、有至今音訊全無，有的甚至戰死在大海那一端。故事結尾，幾位倖存的學生，圍著大石老師翻看當年小學時的合照，細細回味當年的悲歡歲月，真令人鼻酸。

來小豆島旅遊的朋友，在欣賞瀨戶內海自然風光，在大風車前學《魔女宅急便》拍攝騎掃箒飛行照片，在採購橄欖油、醬油、小豆島素麵的同時，不妨也聆聽一下壺井榮筆下的《二十四隻眼睛》物語。

和平群像（小豆島・土庄港）

天使之路（小豆島）

不老的尿尿童子

女兒年假來東京渡假，我們選在一月二十三日，全家赴四國輕旅行。從東京搭「日航」飛高松，在高松空港坐巴士至琴平，然後轉鐵道土讚線一路直奔大步危。

大步危、小步危是長約八公里的美麗V字形溪谷，也是世界著名的泛舟聖地。一說當地斷崖崎嶇難行，大步走或小步走都很危險，故有此特殊而奇怪的地名。

此次定位為泡湯之旅，大步危車站是離我們下榻的「祖谷蔓橋溫泉旅館」最近的地點，所以在此處下車，並在站前包了一部計程車，趁著進旅館前走訪周邊的尿尿童子及蔓橋兩地景點。司機大媽是當地人，地理環境熟悉，很樂意充當臨時導遊。

第一站直奔祖谷溪。祖谷溪是四國最大的吉野川支流，沿路崇山峻嶺、深邃峽谷，足以媲美花蓮太魯閣。十幾分鐘的車程，在山路轉彎處，面對ひ字形峽谷峭壁上，赫見尿尿童子的雕像。（是誰的惡作劇？）

司機大媽說，其實尿尿童子已經五十幾歲了。當初工程單位沿山開路時，有不少工人、過客，惡作劇式地在懸崖邊嘗試凌空朝向下方溪谷尿尿，享受高空放水的快感，也藉機比比膽識。

這樣的風氣，引起當地觀光協會注意。於是商請當地著名雕刻家河崎先生於一九六八年，依河崎四歲兒子模樣，在此處設立尿尿童子雕像。沒想到在雕像設置後，遊客蜂擁而至，意外成了祖谷溪谷的打卡勝地。

尿尿童子雕像離溪底約兩百公尺，居高臨下，有振衣千仞崗的豪氣。也不知道是誰?從何時開始?雕像腳邊丟滿了各式各樣的錢幣，代表著祈福許願的概念。而我只是心疼，五十多歲的不老童子，衣不遮體，不論晴雨、不畏寒暑，長年累月地露宿於寂寥的峭壁之上。

尿尿童子

大步危車站（妖怪：兒啼爺）

惡水上蔓橋

離開尿尿童子後，車子繼續轉往蔓橋。坐落在祕境祖谷溫泉鄉的這座藤蔓吊橋，隱藏著八百年前「源氏」與「平家」兩大氏族的內戰歷史悲劇。

話說平安時代，源平兩氏族在讚岐．屋島（現今香川縣高松）展開的最後一次大規模會戰（屋島合戰）中，戰敗的平家主力繼續西撤長門（山口），少數落難武士潛入德島的祖谷山中避難。為了防止源家追兵，平家武士於祖谷溪上，以藤蔓搭建吊橋過河，也隨時準備砍斷蔓橋求生。

這座著名的藤蔓吊橋，長四十五公尺、寬兩公尺，粗蔓藤重達約六公噸。吊橋騰空十四公尺高，橋面以蔓藤編織的粗繩梯構成，俯視繩梯縫隙可見溪谷，摸著藤索過橋，十分的驚險刺激。

蔓橋不遠處的「琵琶瀑布」，是一座約五十公尺高的迷你瀑布。相傳這些落難的平家武士，為緬懷當年在平安京城時的榮華生活點滴，經常聚集在瀑布下彈奏琵琶，以解思鄉情緒。

離開蔓橋，已近黃昏。直接驅車到今晚下榻的「祖谷溫泉蔓橋旅館」。德島的「祖谷溫泉」位於靜謐的溪谷，泉質屬於鹼性的硫磺溫泉，與北海道「新雪谷藥師溫泉」、青森「谷地溫泉」並列為日本的三大祕境溫泉。

蔓橋溫泉旅館傍山而築，特色是溫泉浴池設在旅館後方山頂，名為「天空露天風呂」，有專用纜車直接上山。久聞祖谷祕境溫泉盛名，我們稍事整理行李後，就迫不及待地搭纜車上山泡湯。

選在此時段搶頭湯，一人坐擁整個湯池。眼前山嵐虛無飄邈，宛若一幅潑墨山水畫，取名「雲海之湯」（男湯）絕對名符其實，果然好湯!!今晚旅館準備了祖谷的鄉土料理，以及德島地酒溫馨迎賓，好生期待。

祖谷蔓橋

祖谷蔓橋溫泉旅館的鄉土料理

屋島今昔

小豆島號渡輪在成群海鷗伴隨下，緩緩駛進高松港，蔚藍萬頃、水波不興的瀨戶內海，早已被拋在後方，眼前換成了高松港區的高樓叢林。

把行李寄放在高松車站，我們一行四人搭「琴電」地面電車，十幾分鐘抵達屋島。屋島車站是迷你小站，昭和時代的簡樸造型，頗具懷舊風，讓人忍不住一再拍照。

今天旅客不多，在站前轉搭巴士，車行十分鐘即抵達屋島山頂。魚貫下車後，一彎過「望海莊」旅館後方緩坡，印入眼簾的是，源義經等「源平合戰」的人物展示牆，氣氛頓時莊嚴起來。

發生於平安末期的讚岐（香川）「屋島戰役」，為源平合戰中關鍵的一役。在源義經的奇襲下，平家嚴重受挫，主力西撤長門（山口），餘眾隱入德島深山，拱手讓出瀨戶內海。

在源家持續強攻下，平家的主力部隊最後在長門的「壇之浦」敗亡，結束了長達六年的源平內戰，也開啟了源賴朝的「鎌倉幕府」武家政治。

屋島山頂的屋島寺，乃四國八十八靈場的第八十四番名刹，為「遍路」朝聖巡禮必經之地。離寺院不遠處，有一處清淨水塘，取名「血之池」。據說，當年源義經率兵攻下屋島後，部隊在此清洗沾血的刀械，以致水池染成一片紅色，可想像當時戰況的慘烈。

我在屋島寺山門旁，意外發現松尾芭蕉的一座歌碑：「夏草や兵どもが夢の跡」（有人譯為：夏草萋萋，武士長眠留夢跡）。這原是松尾芭蕉《奧之細道》途經平泉古戰場，緬懷源義經及藤原氏一族興衰所做的詩句。於此豎立相同歌碑，或許是對源義經及當年參與「屋島合戰」源平武士的一種慰靈吧。

屋島其實是突出於瀨戶內海的海岬地形，從小豆島遠眺，狀似海上平臺，清楚且容易識別。而從屋島山頂的「獅子靈巖」觀景臺俯瞰，瀨戶內海的無敵景觀，盡收眼底。

感慨物換星移。眼前如此綺麗多嬌的風景勝地，幾百年以前，竟是那般血腥殘酷的殺戮戰場。

琴電屋島車站

屋島寺

再見松山

春や昔　十五万石の　城下かな
（今春若往昔　十五萬石　鉛華猶在松山城下町）

清早、晴天、秋高氣爽。從今治搭予讚線特急列車，車行不到四十分鐘，已駛進了松山站。一行四人隨著旅客步出車站，一眼可見偌大的一座正岡子規俳句碑，早已在廣場前方歡迎我們的到來。今天的道後溫泉、松山城之旅，充滿文青的氣息。

順著站前廣場人行道往前走，就是市區的地面電車站。提到松山電車，最特別的就屬「少爺列車」。「少爺號」列車的由來，源自夏目漱石小說《少爺》故事的發想。不僅僅止於列車，松山人還將「少爺」的商標，推廣到極致。如：少爺廣場、少爺劇場及諸多「少爺」周邊產品等，不勝枚舉。

正岡子規出生於松山，夏目漱石則是江戶人，二人出生地不同，但因緣際會而相遇相識，私交甚篤互為莫逆。子規創作出許多境界深遠、流芳百世的俳句，為當代最偉大的俳句詩人。漱石早年曾短暫在松山的高中執教，期間寫下《少爺》這部轟動明治文壇的巨著。

子規與漱石二人被譽為松山文壇的雙璧，當時的松山城文風鼎盛，備受全國矚目。直到現今，漫步在松山市區的大街小巷，隨處都可看見正岡子規的俳句詩碑，以及夏目漱石《少爺》小說的紀念碑與公仔、商品。

漱石小說中的安排，主人翁「少爺」因個性不適應，客居一年後，黯然離開松山。而在現實生活裡，松山人聰明地留住了「少爺」，並且讓「少爺」在這十五萬石繁華的松山小城，持續發光發熱，迄今已超過一世紀以上。

你知道嗎？ Info

松山十五萬石的由來

松山藩開藩以來，幾度易主。直至一六三五年德川幕府以十五萬石的俸祿，改封給親藩（德川幕府親族）大名松平定行。松平家便持續統治松山藩至明治年代的廢藩置縣。

正岡子規俳句碑（松山驛前）

予讚線道後溫泉驛

丸龜印象

離開松山以後，搭予讚線特級列車直奔丸龜。規劃今天夜宿丸龜，以便於隔日趕早去體驗聞名的高知「朝市」。我們抵達丸龜時已是華燈初上，旅途有些疲憊，就在APA旅館附近的中華料理店簡單果腹，早早回旅館休息。

丸龜城護城河畔

提到丸龜立即讓人聯想到「丸龜製麵」。沒錯，丸龜正是著名讚岐烏龍麵的故鄉，丸龜的烏龍麵遠近馳名，這幾年也進軍台灣，享有不錯的風評。只是我一向偏愛拉麵與蕎麥麵，對烏龍麵無太大興趣，就不特別搜尋當地烏龍麵的打卡名店。

我們投宿的APA旅館鄰近丸龜城，從旅館前可見城堡。隔日起早，散步至丸龜城。丸龜城又名龜山城、蓬萊城，城池小而美，他的天守閣是日本現存十二個天守中最小的。

站在丸龜城山頂，左側遠眺規模宏偉的瀨戶大橋；右側是狀如三角飯糰的飯野山。正逢日出，山邊金光閃閃，顯得十分莊嚴與靜穆，難怪飯野山被譽為「讚岐富士」。下山，步出城門時，意外地在護城河畔，發現一座石碑，刻著：

伊予竹に土佐紙貼りて阿波ぐれば讚岐うちわで四國涼しい。

簡譯：伊予（愛媛）竹、土佐（高知）紙、阿波（德島）糨糊，做成讚岐（香川）團扇，（搧出）清涼的四國啊！

有趣的是，我查文獻發現，有人將「四國涼しい」的「四國」，以日文諧音的「至極」取代，譯為：「真是清涼至極啊。」這樣的語句表達，也頗到位的。因為這座碑文，我才知道，原來丸龜除烏龍麵以外，團扇生產亦居日本第一。丸龜團扇製作程序複雜，扇面是以澀柿提煉的朱紅色紙畫上金字印記，色調單純、形狀簡樸，頗具有地方特色。自古以來，丸龜團扇一直被當作參拜香川「金刀比羅宮」的伴手禮。

丸龜位於香川縣的中西部，北面隔著瀨戶內海，與岡山縣的笠岡、倉敷遙遙相望，此地是進入琴平金刀比羅宮的必經門戶，也是僅次於高松的香川縣第二大城。短暫的停留丸龜，對丸龜有初步認識，也有不錯的印象，古人常說「讀萬卷書，不如行萬里路」，而我認為「讀萬卷書，更須行萬里路」。

飯野山（讃岐富士）

北九州之旅

初夏的唐津城

五月中旬，好友夫婦六人結伴同遊北九州，首站規劃為唐津城。唐津位於佐賀的西北方，「唐」指中國，「津」是港口。顧名思義，自唐代以來，唐津即是日本前往中國的主要港口。

我們從住宿的博多出發，搭JR筑肥線於上午十點多抵唐津。出了車站，廣場一座「五足の靴（五雙鞋）」文學碑，碑文上刻著木下杢太郎「はためき（旗めき，迎風飄舞）」的詩句。原來詩人與謝野鐵幹曾於明治四十年夏，率其學生北原白秋、木下杢太郎等一行五人，前來九州文學旅行。（這麼說，我們算是「六足の靴」。）

廣場相互拍照留影後，我們順著路標，走在充滿下町風情的寧靜街道，心情覺得格外舒坦。首先參觀「舊唐津銀行」，這是由設計「東京車站」的名建築師辰野金吾監造的建築，現整修為「辰野金吾紀念館」，以彰顯這位唐津出身的偉大建築師。

辰野被譽為日本近代建築之父，對日本近代建築設計影響深遠。他的建築特色，常以塔樓、圓頂、紅磚與灰白飾帶相間的牆面表現，獨樹一格。紀念館側門磚道立著辰野與同鄉建築師曾禰達藏的兩尊雕像，代表鄉民們的崇敬之意。

離開紀念館繼續往前走，就到唐津城。這是一座小巧的平山城，因背臨唐津灣，既是山城亦為海城。唐津城素以櫻花及紫藤聞名，可惜我們來遲了。聽說紫藤花早在五月初就凋謝，只剩藤蔓孤單地掛在棚架上。

登頂後，俯看松浦河對岸海邊一連串的「虹之松原」，有如是從滿島山（唐津城）展開的羽翼一般，唐津城因此亦被稱舞鶴城。而綿延近五公里彩虹弧形的蒼綠松林，襯著白色沙灘與蔚藍海灣，色調協和鮮明、景觀壯麗。我曾折服於福井的「氣比松原」，見識了「虹之松原」後，讚嘆其氣勢更勝於「氣比松原」。

說到唐津城，就不得不提一下「名護屋城」。戰國時代豐臣秀吉曾在唐津，興建一座規模僅次於大阪城的名護屋城，作為出兵朝鮮的前進基地，一度集結三十萬重兵。可惜戰事進展並非順利，秀吉又病故大阪，只能匆匆撤兵。壯志未酬，名護屋城也從此人去樓空。

德川家康繼秀吉統一天下，一說是為與中國及朝鮮修好，下令拆除名護屋城，並以解體的建材新蓋唐津城。繁華落盡的名護屋城，現今僅遺留石垣及少數陣跡，供後世憑弔，真令人有「浪淘盡千古風流人物」的感觸。

柳川紀行

著名的水都柳川，是我們這次北九州旅行的第二站。原先規劃參訪太宰府天滿宮與柳川兩地，由於天滿宮尚未整修完畢，就「截彎取直」逕赴柳川。

我們一行於「三柱神社」旁的乘船處候船，因遊客大排長龍、候船實在費時，在船家的代客叫車下，改搭計程車前往「立花氏庭園」（御花）及詩人北

虹之松原

唐津城天守閣

原白秋故居。

四周運河圍繞的「立花氏庭園」，是舊柳川藩立花家系的宅邸，俗稱「御花」，庭園區分「松濤園」、「西洋館」、「大廣間」、「家政局」及「御居間」等部分，占地七千多坪，是國家指定的文化財。

「立花氏庭園」兼營旅館及料亭，難得的機會，午餐決定在「集景亭」享用鰻魚飯。蒸過鬆軟的烤鰻魚、淋上醬汁的米飯，傳統關西吃法。對吃慣關東碳烤鰻魚飯的我，味道還可以接受；特別是面對松濤園的雅緻造景用膳，有如藩主一樣地飄飄然。

柳川藩立花家系曾經歷一段波瀾起伏的歷史。初代藩主立花宗茂原屬大友宗麟（基督教大名）麾下，因驍勇善戰，豐臣秀吉譽為「西國無雙」，安排由大友氏獨立出來，並冊封柳川藩領地，成為豐臣家大名。

宗茂為報效秀吉知遇之恩，「關原合戰」留在西軍對抗德川家康，兵敗後領地遭家康沒收，一度淪為浪人。在隱忍二十年後，終獲德川家康重用，發回柳川領地，成為柳川藩初代藩主。一直到幕末，立花家持續掌理藩政，明治維新後被冊封為伯爵。

據悉，柳川各界於二〇一七年八月，成立「招請NHK拍攝『立花宗茂與誾千代』大河劇」委員會，推促拍片事宜。如果能實現拍攝大河劇，預估將為福岡整體帶來三百億日幣的經濟效益，目前招請拍片的進度不詳。

離開「御花」後，沿著運河再往前走約五、六分鐘路程，就到了詩人北原白秋的故居。北原白秋是柳川人，為活躍於明治時期的著名詩人及童謠作家。白秋的童謠詩「あめふり（下雨）」譯成國語兒歌，相信大家耳熟能詳：「淅瀝淅瀝，嘩啦嘩啦，雨下來了，我的媽媽來了來了，拿著一把傘，淅瀝淅瀝，嘩啦嘩啦，啦啦啦……」。北原白秋出生於酒造家庭，「北原酒造」規模在柳川地區數一數二。明治卅四年不慎遭大火燒毀，昭和四十四年復原，並設立「白秋紀念館」，對外展示白秋的文學資料及遺物。

走在白秋故居（沖端町）運河時，泛舟的船隻迎面駛來。只見頭戴笠帽、身穿法披的船伕，撐著長竿搖船，時而哼唱民謠、解說柳川的歷史典故，有種穿越時空的浪漫水都風情。

柳川運河

此次的柳川行，是歷史、文學之旅，也是庭園、美食之旅。更重要的，女眷們還高興地買到了筑後地區傳統的久留米「絣（かすり）」棉織衣服，各有所獲，不虛此行。

「御花」鰻魚飯便當

從下關微笑出發

時間：二〇二四年五月吉日
出發地：下關「微笑」酒店
交通：九人座小巴
目標景點：角島大橋、元乃隅神社、萩（城下町）

角島大橋

全長約一千七百多公尺的角島大橋，西元二〇〇〇年開通以來，一躍成為人氣觀光景點，電影、日劇尤其豐田、三菱等一些車商，紛紛來此取景拍片。親臨現地欣賞大橋，只見在蔚藍的海天一色襯托下，筆直一線的橋身，於鳩島一處以優雅弧線緩緩滑過，整座大橋看起來美麗脫俗，難怪受到大眾的青睞。

為我們開車的司機小李，很熱心幫大家取景拍照。這個時間遊客不多，可以從容拍照毫不受干擾。之後，再驅車過橋參觀角島燈塔。角島燈塔是明治初年所建的花崗岩西洋式燈塔，塔高約三十公尺，造型優美，登頂可全方位飽覽壯闊無際的日本海全景，被選為「日本燈塔五十選」。

元乃隅神社

離開角島大橋，繼續前進。元乃隅神社被ＣＮＮ評為「日本最美地方卅一選」，特色是一百餘座鳥居串成朱紅色的隧道，沿著山坡一路延伸到斷崖邊。朱紅色的鳥居隧道與綠色草地、蔚藍的海天相襯托，形成一幅壯麗的景觀，令人震撼讚嘆。

元乃隅神社有一個極具挑戰性又有趣的空中「賽錢箱」，設置在離地六公尺高鳥居上，要將銅板拋進賽錢箱，實在不容易。同行的謝醫師手氣順，一試即成功，今年必定諸事大吉。我試幾次都失敗了，細想，空中賽錢箱用意不在於香油錢，是藉此吸引更多遊客前來，很妙的行銷手法。

離開元乃隅神社，司機小李載我們前往附近油谷灣的「楊貴館溫泉旅館」午餐。乍聽頗奇特的旅館名字，原來與楊貴妃有關。謠傳楊貴妃並未死在馬嵬坡，而是輾轉逃到日本山口縣長門的油谷町，死後並葬於此。

離旅館不遠的「楊貴妃の里」就是墓園所在。以往只聽過和歌山徐福之墓，山口的楊貴妃之墓，還是首次耳聞。

角島大橋

元乃隅神社

楊貴妃御膳

且說說午餐吧！我們除了點山口特產的「瓦片蕎麥炒麵」外，好奇心驅使下，特別叫了兩客「楊貴妃御膳」，想一嚐究竟。原來這御膳包括：陶板燒牛肉、生魚片及炸天婦羅（卡路里有些超標，難怪名為「楊貴妃御膳」），再以當地生啤佐餐，真乃天作之合。

餐廳人員一聽我們會講日語，特別親切地招呼，還主動跟我們一起拍照。舒適靜謐的空間、窗外遼闊的海景、滿桌美味的料理，滿足了大家的味蕾，也洗滌了旅途疲勞。酒足飯飽，精神為之振奮，我們繼續往下一站「萩」出發！

萩城下町

下午三點過後，我們抵達萩城下町。由於時間不足，原本一併規劃的萩城（指月城）城址公園、松陰神社及松下村塾，只能忍痛割愛，期待下次有機會再來。今天就漫步萩城下町的街道與舊屋敷。

萩城下町是國家指定史蹟，完整保存了日本江戶時代的小鎮風光，它同時也列聯合國世界文化遺產保護，範圍包括江戶屋橫町、伊勢屋橫町、菊屋橫町等三條橫向街道，以及縱向街道的御成道，整個區域呈長方形狀。

觀察萩城下町的景觀、格調，與日本其他的城下町有些雷同，不同的是，此地盡是名人故宅或建築，密度之高乃日本第一。如：木戶孝允（桂小五郎）舊宅、高杉晉作及田中義一誕生地、円政寺（伊藤博文與高杉晉作幼年勉學所）、菊屋家住宅等。

簡單介紹一下萩城的歷史。關原之戰，擔任西軍統帥的毛利輝元兵敗，原百萬石領地，遭德川家康削減剩三十幾萬石，居城被迫移至山陰的萩城，嗣後再由萩城遷往山口。萩藩或山口藩這統稱為「長州藩」的蕞爾小城，

在扳倒江戶幕府，促成明治維新的歷史中，無疑是起了最關鍵的領導作用。

薩長土肥等四藩促成倒幕與維新，其中以長州藩最為核心。長州藩人才輩出，有尊為「維新啟蒙思想家」的吉田松陰，有「維新三傑」的木戶孝允，有創建奇兵隊、屢建奇功的高杉晉作，甚至首位總理大臣伊藤博文，在在對日本近代化發展影響深遠。

「円政寺」揭示板記載著「山口県出身の七人の宰相」伊藤博文、山県有朋、寺內正毅、桂太郎（木戶孝允）、田中義一、岸信介、佐藤榮作。伊藤、山県、桂、田中皆萩城出身，足見萩城地靈人傑。再加上後來的菅直人、安倍晉三，歷代山口縣出身的首相竟高達九人。

曾經看過某雜誌調查，日本首相呈現「西高東低」現象，亦即西部出身的首相遠多於東部，如：山口縣九位、東京五位，其次岩手縣、群馬縣、廣島縣各四位。有人說山口縣風水佳，也有人認為幕末的「薩長聯盟」，有利於山口人掌握明治初期的政治利益，我個人傾向於後者的論點。

在菊屋橫丁的一處石牆上，掛著高杉晉作的名言：「面白き事も無き世

萩城下町街景

を 面白く」（讓無趣的世界變得有趣吧），令我想起日本外務省駐台的一位好友T桑，T桑是「高杉迷」，非常崇拜高杉晉作自由奔放的個性。據說T桑結束任期回國當天，還有酒店的媽媽桑去機場送機，傳遍台北的外交圈。

壇之浦古戰場

隔日，我們在下關站前搭上巴士，沿著灣岸道路行駛十幾分鐘，抵達御裳川公園。今天走訪御裳川公園（壇之浦古戰場）、關門海峽海底隧道、赤間神宮、春帆樓（日清講和紀念館）、唐戶市場及巖流島（宮本武藏與佐佐木小次郎決鬥地）等景點。

御裳川公園一角，壯闊的關門海峽岸邊，是平安時代「源平合戰」壇之浦古戰場所在。公園矗立著源、平兩方陣營大將的銅像。了解源平戰役歷史的人，一眼即可看出，左邊背箭袋、持長刀，踩著海浪的是源義經；右邊身著重甲、雙手舉錨的就是平知盛。

持續六年的源平戰爭，平家節節敗退，兩軍在壇之浦一地做殊死戰，平家最後全軍覆沒。指揮大將平知盛在兵敗後，擔心死後屍體遭源家擄獲，有損武將威名，乃揹著錨碇投海自盡。

平知盛雕像旁有一塊「安德帝御入水之処」石碑，刻著二位尼《辭世之句》短歌：

今ぞ知る　みもすそ川の　御ながれ　波の下にも　みやこありとは。

希望你明白。你（安德天皇）身上流著伊勢平家的血啊！波濤洶湧的海底，也有一座皇宮。

在平家軍隊全面潰敗同時，眼看大勢已盡的平家二位尼（天皇外祖母，敘二位），面對年幼的安德天皇問：「外婆帶我去哪裡呢？」只能安慰騙說：「波濤之下，也有帝都」，然後揹著小天皇，祖孫雙雙投水而亡。權傾一時的平家「公卿政治」終焉，開啟源賴朝的「鎌倉幕府」。

御裳川公園

關門海峽海底隧道

離壇之浦古戰場幾步路，就是「關門海底隧道」。搭電梯下到海底六十公尺處的隧道口後，散步到對岸的門司。這條海底人行隧道全長七八〇公尺，來回路程約半小時。隧道中間的「山口與福岡分界線」，跨一腳步就是鄰縣，吸引遊客紛在此拍照留念。

我們從門司這一側上來地面，試著以不同角度，欣賞關門海峽及大橋。關門海峽是連結瀨戶內海與日本海的海上通衢，地勢險要，難怪源平戰役及江戶時代的「下關戰爭」（英法美荷四國聯軍與長州藩的海戰），都以此地為舞台。

走在筆直的海底隧道中，興奮之餘，突然有所聯想：波濤之下，真有「步行者天國」耶！

赤間神宮

赤間神宮背山面水，隔著灣岸道路與關門海峽相望。神宮內奉祀安德天皇與平家一族。或許源於「波濤之下，也有帝都」意象，社境內的「水天門」門樓，上段為綠色屋頂（象徵海水？），中段為朱紅的神殿，下段為白色拱門通道，綠紅白三色極為搶眼。觀察門樓的「紅在上、白在下」，似乎隱藏著某些意涵。

如同鎌倉「鶴岡八幡宮」的「源平池」，源池設有三個小島（三與「產」同音，祈願源家多產），平池四小島（四與「死」同音，詛咒平家絕後）。赤間神宮主祀安德天皇與平氏一族，個人懷疑「水天門」主體結構，刻意將代表平家的紅色，擺在代表源家的白色上方，暗喻平家高於源家之意？

春帆樓

赤間神宮旁的春帆樓，是一間以河豚料理聞名的老旅館。一八九五年，中日發生甲午戰爭。清廷李鴻章與伊藤博文在春帆樓簽署《馬關條約》，台灣淪為「亞細亞孤兒」，被迫接受日本統治五十年。春帆樓的「日清講和紀念館」陳列當年雙方簽署條約的場景與歷史文件，睹物思情，讓人內心五味雜陳。

曾經讀過一位台籍作家在參訪春帆樓後，寫了一首感傷詩：「春帆舊樓在下關，滿清在此割台灣；台灣政權換又換，任人割賣最不甘。」詩道盡多數台灣人的共同心聲。此地實不忍久留，匆匆離開，往唐戶市場及巖流島前進。

津和野番外篇

靈龜山前松風吹，幾代功名換故壘。
太鼓雅樂今猶在，鷺舞婆娑迎客來。

島根縣的津和野素有山陰小京都之稱，親赴現地一睹廬山真面目，果然名不虛傳。不同於京都的是，在寧靜中有淡泊名利之美，甚至有些「微歐州」風味。

我與津和野結緣，來自さだまさし（佐田雅志）的一首歌。幾年前無意間搜尋到佐田的「案山子」（稻草人）MV，影片中津和野的綺麗風光，帶出佐田宛如天籟的嗓音，從那一刻起就愛上津和野。

在新山口站搭JR山口線特急，約莫一個多小時，就抵達津和野。週一的津和野小鎮顯得有些冷清，我們六人似乎是唯一的外國旅客。順著站前的觀

津和野殿町通

光導覽圖，毫不費力地來到「殿町」。

殿町通是津和野城下町最具代表性的一條街道，石板路兩側櫛比的舊屋敷、青翠高聳的銀杏排樹、水清見底的溝渠、優游自在的錦鯉，美得猶如風景畫冊，難怪吸引無數的遊客流連而忘返。

殿町石板路中段，有一間天主教堂，摩登的外表之下，隱藏著殘酷的歷史。幕末、明治初「禁教」，百餘名基督徒由長崎流放津和野，幾經嚴拷、強迫「改宗」，導致卅七名教徒殉難。昭和初年，一外籍神父在此買下土地，闢建花園及教堂，以紀念這批殉教的基督教徒。

我們來津和野其中一個目的是參訪森鷗外紀念館，行前規劃失策撲空（週一休館），僅能向友人低頭認錯。森鷗外出身津和野，軍醫及小說家，著有：《舞姬》、《山椒大夫》、《高瀨舟》等，為明治時代與夏目漱石齊名的大文豪。

森鷗外家族與台灣的因緣不淺。鷗外曾以軍醫身分，跟隨北白川宮能久親王的「近衛師團」，參與侵台作戰（乙未戰爭）。其子森於菟曾在當時的「台北帝國大學」醫學部擔任部長，直到日本敗降後才返回日本。其女森茉莉亦為著名的文學家。

提到津和野，離不開津和野城。津和野城位處靈龜山，是一座易守難攻的山城，別名「三本松城」。鎌倉幕府時代為防範蒙古（元朝）入侵而築城，其後，改朝換代幾度易主。直至明治「廢藩置縣」，遭廢城與拆除，目前僅存一部份石垣及護城河，山腳下設有登山纜車可直上山頂。

津和野城東北方（鬼門）建有一座「太鼓谷稻成神社」，與京都「伏見稻荷大社」並列日本五大稻荷神社。從山腳仰望，上千座朱紅鳥居，築起長長的鳥居隧道，一路蜿蜒直上煞是壯觀。時間不夠，我們試著穿過幾段鳥居隧道，於中途折返下山。

從津和野城址可以俯瞰整個津和野町，運氣好的話，還可以看到ＳＬ蒸汽火車吐著黑煙緩緩駛過原野，頗富浪漫風情。據說佐田雅志當時就是登上津和野城遺址，從山頂俯瞰這一幕情景，思想起離鄉背井的胞弟，而寫出這首膾炙人口的「案山子」。

列島縱橫

津輕海峽秋景色

日本「阪急交通社」推出一個頗吸引人的「熟年蜜月列車之旅」企劃案，亮點是可以搭乘日本的九條新幹線、各地方的在來線，由北至南，一次縱貫北海道、本州及九州三個島。

這個熟年蜜月之旅，限定年齡五十五歲以上夫婦參加，五天四夜三十萬日幣。光是一次能坐足九條新幹線，走行五千多公里，宿泊四個溫泉名湯，實屬難得。我們毫不遲疑地報名參加了。

十月吉日早晨，東京車站集合，共十八組夫婦參加。八點四十分，我們正式出發了！

秋田新幹線（小町號）

津輕海峽

首先搭秋田新幹線（小町號），在秋田轉奧羽本線赴青森，再接北海道新幹線（隼號）。新幹線列車一路北上，通過「青函海底隧道」不久抵達北斗市，正是華燈初上時刻。

在導遊山崎小姐引導下，接駁的巴士順利地送我們到下榻的「平成館海羊亭」。這是一座濱海的溫泉旅館，面對著津輕海峽，右側為湯川黑松林，左側鮫川、松倉川匯流入海，從旅館可以遠眺函館山，地理位置絕佳。

晚餐海鮮大餐，餐後團員中有幾對夫婦雇車前往著名的函館山觀賞百萬夜景。我們選擇在旅館內悠閒泡湯，以回復一天的舟車勞累，為隔日儲備能量。泡完湯，穿著浴衣外套、木屐，在旅館附近散步。秋天的函館夜晚，沒有想像中清冷，四周寂靜微暗，遠處漁火點點，此時涼風拂面而來，真是舒爽宜人。

隔日天方魚肚白，就迫不及待跑去海濱看海。站在海灘上，望著眼前遼闊的大海，想到大學時代課本唸到遙遠北國的津輕海峽，想到石川小百合哀怨、滄桑的〈津輕海峽冬景色〉。而我此刻正踏踏實實地踩在津輕海峽的這片沙灘上，滿腔感動，何等的幸福！

楓紅層層磐梯山

列車加速快駛，轉眼揮別北斗市朝南部仙台挺進。今天的行程將在仙台轉仙山線赴山形，再搭山形新幹線至郡山。郡山以後接磐越西線，在列車搖晃之中，抵達第二天的主要目的地猪苗代。

猪苗代位於福島中部，在猪苗代湖北岸，東西北三方磐梯山環繞，屬日本海型氣候，冬季多有豪雪。日本細菌學之父野口英世，出生於此村落。二〇〇四年日本銀行發行的千元大鈔肖像，正是野口英世。

出了猪苗代車站，接駁巴士隨即載我們前往下榻的「貓魔離宮」渡假村。一路上湖光山色、紅葉隨處點綴，煞是好看。「貓魔離宮」屬五星級休閒度假旅館，金碧輝煌、氣派萬千地矗立在檜原湖畔，恍如人間仙境。

貓魔的名稱取自磐梯山的「貓魔ヶ岳」。相傳遠古時代，山上曾住著吃人的貓魔，故名之。溫泉是中性泉質，被譽為黃金之湯、美肌之湯，老少男女皆宜。

尤其旅館的本館與別館，各有一處湯池。從露天風呂的浴場，可以環視整個檜原湖面。大清早，浸泡在四周風景如畫的湯池中，是極度奢華的一種享受。

我來過磐越西線沿線的會津若松、東山溫泉、猪苗代湖及五色沼。對於磐梯高原周邊景緻並不陌生，但未曾於楓紅層層的時節造訪，有著優雅、脫俗的美。

原本打算於湖濱散步、賞楓，可惜天公不作美，秋雨惱人，加上團體行動，時間受限，只能匆匆拍照留念後，回房間整理行囊，準備往下一個景點出發。

檜原湖畔楓紅（貓魔離宮）

空山靈雨話山中

列島長征的第三天，千歲夫婦團一路相互扶持南下，逐步往北陸移動。今天要搭乘信越本線、北陸本線及上越新幹線、北陸新幹線。很期待中午鐵路便當的新菜色，更期待可以和日本海相見歡。

離開猪苗代後，我們分別搭兩趟新幹線及在來線，輾轉西進金澤。一路上田園野趣景象，讓人心曠神怡。而從新瀉的柏崎開始，列車是貼著海岸前行，久違的日本海依舊怒潮澎湃、驚濤拍岸，與途中間適的田園風

猪苗代車站

光，形成強烈對比。

在金澤轉乘北陸本線，很快抵達「加賀溫泉」。加賀溫泉鄉有四座名湯（片山津、山代、山中、粟津，合稱「加賀四湯」），我們被安排住於「山中溫泉」的吉野屋「依綠園」。這座湯池屬於鎌倉時代，八百年歷史老字號，依山傍水，旅館後方鶴仙溪的潺潺流水聲，不絕於耳。

有別於前兩天，今晚旅館準備的是懷石料理，山珍與海味，佐以清涼生啤，頗為對味。餐後，換上浴衣，享受悠閒泡湯樂。此處露天風呂獨具特色，浴池內備有「加賀」地酒及梅酒，酒杯置於木盤中，載浮在池面，一面泡湯一面品酒，難得的極樂享受。

隔日清晨天空仍然飄雨，撐著傘街上散步。閑靜的溫泉老街，多處仍保留江戶時代的傳統風貌，雨中特別讓人發思古幽情。幸運地找到「芭蕉紀念館」，館前陳列「曾良拜別芭蕉」的雕像。

原來當年芭蕉、曾良師徒二人的『奥の細道』之旅，曾良於旅途中染病，只能分道揚鑣各奔前程。芭蕉為感謝曾良千里伴行，也覺悟從此將展開一人行

腳的寂寞，遂寫下「今よりや書付消さん笠の露……（從今天起，朝露會逐漸洗褪掉斗笠上的字跡吧……）」俳句。

老街廣場旁，是此地代表名湯「山中座」與「菊湯」，湯屋果然氣派不凡。今天適逢週日小型朝市，販售當地蔬果及土產，老農婦知道我們是從外地來的，親切問候並優待販售她的農特產。體驗過日本諸多溫泉鄉，我對山中溫泉特別有感。

加賀溫泉鄉景象

南國風情錦江灣

旅程已接近尾聲，大家都沒什麼倦容，也沒聽人喊累。今天要從加賀溫泉東進至京都、大阪，然後南下，直奔九州鹿兒島的指宿溫泉。終於能踏上我所崇拜的西鄉隆盛的薩摩故里，並親睹櫻島火山的英姿。

上午從金澤搭車至福井，換上在來線「雷鳥號」，沿琵琶湖左岸至新大阪，再轉山陽新幹線、九州新幹線，一口氣直搗鹿兒島指宿溫泉。抵達指宿溫泉時，天色已暗，隱隱約約只見櫻島朦朧的身影。

指宿是鹿兒島縣薩摩半島最南端的觀光小鎮，以篤姬的家鄉及砂浴而聞名。指宿溫泉面對錦江灣，可以遠眺櫻島火山，是日本首屈一指的熱砂溫泉地。聽遊覽車司機說，這兩天櫻島還在持續噴火，難怪山頂仍然白煙籠罩。

隔天清晨五點三十分，我們在旅館後方的帳篷區體會「砂浴」。砂浴的流程是：先脫光衣物，換上砂浴服，在挖好的砂坑，和衣躺平，然後職人會把砂鏟蓋在客人身上，只留下頭（有毛巾墊著），然後開始十至十五分鐘的砂浴。

覺得太熱時，可以稍微挪動身體，以避免被燙傷。

砂浴完畢，在帳篷旁的露天浴池浸泡，去除砂粒後，登上旅館頂樓的「天空浴場」泡湯。此時天剛初露曙光，從湯池的落地窗向外望，錦江灣波光粼粼，點綴著幾艘漁船盪漾，恍若置身人間仙境，久久不捨離開。

早餐後全團集合，赴鹿兒島中央站準備搭九州、山陽新幹線接東海道新幹線，一路回東京。我利用候車的時間，短暫脫隊，在站前跳上計程車，以最快速度去西鄉隆盛銅像前致意、拍照，也順路拍了大久保利通雕像，趕緊歸隊。

回到東京時已傍晚時分，團員陸續在橫濱、品川及東京下車，五天來的相處，彼此雖然互動不多，但至少留下和善的印象，期待有機會在某個旅途中再度相逢。

香魚驛弁（九州新幹線）

錦江灣的日出

琵琶湖風光

湖上大鳥居

初夏的七月十三日周六上午，從京都搭ＪＲ湖西線一路直奔琵琶湖畔的近江高島，為的是要來「白鬚神社」一睹著名的湖上大鳥居風采。

琵琶湖上大鳥居（白鬚神社）

從近江高島車站出來，聽站務人員說步行至白鬚神社約需四十分鐘。本想租自行車代步，無奈已過租車時間，只好改乘計程車前往，所幸車資不貴（日幣約一千出頭）。

近江高島的白鬚神社，是全日本約三百座名為白鬚、白髯或白髭（日語同唸：Shirahige）神社的總本社，祭祀著猿田彥大神。本殿是安土桃山時代特有的建築。

著名的湖中大鳥居，與白鬚神社正殿隔著環湖公路，默默相對望。大鳥居矗立於湖水中，神似廣島「巖島神社」的海上大鳥居，雖然鳥居規模較小，但莊嚴神聖不減。唯一不同的是，白鬚神社的湖上大鳥居，隔著環湖公路，來往車流十分頻繁。遊客為近距離觀賞或拍照，往往冒險衝過公路，經常險象環生，讓人不時捏幾把冷汗。

聽說湖上大鳥居在日出晨曦、落日餘暉下，各有不同的特殊風情。可惜此地偏遠不便，對於搭電車的遊客來說，失去了一天同時觀賞兩個絕景的機會。

離開白鬚神社，我們沿著琵琶湖畔散步近一小時，回到近江高島站。正巧搭上湖西線列車往今晚投宿的「雄琴溫泉」出發。雄琴溫泉坐落於琵琶湖西岸，這座溫泉據說是由比叡山天台宗開山鼻祖最澄法師所開鑿的，迄今已有一千二百年歷史，以「美肌之湯」廣受遠近好評。今晚要好好享受這千年神湯的威名，並且嚐嚐名列日本三大和牛當中「近江牛」的懷石料理。

水都近江八幡

七月十四（週日）行程：琵琶湖東岸的「近江八幡」，以及北岸

雄琴溫泉鄉（六角足湯）

的「長浜黑壁」。

我們依行前規劃，搭湖西線在山科轉ＪＲ琵琶湖線，先來東岸的近江八幡，再去北岸的長浜。近江八幡是豐臣秀次所築八幡城城下町，秀次是悲劇的歷史人物。豐臣秀吉苦無子嗣，原本指定其甥秀次繼任關白，惟秀吉側室淀殿（茶茶）生下豐臣秀賴後，秀吉乃計謀讓秀次自行切腹，以保障秀賴順利繼位。

在近江八幡站前六號車亭搭巴士，十分鐘即達八幡堀。這是當年豐臣秀次引琵琶湖水，所構築幅寬十五公尺、全長六公里的人工運河。除作為護城河的軍事防衛外，亦兼備商業運輸用途，更因此創造出所謂的「近江商人」。

去年曾走訪千葉「小江戶」的水都佐原，相形之下，近江八幡顯得更美、更具規模。很湊巧的，走到大杉町的木橋時，正好看到一艘遊覽船輕盈搖盪過，頓時讓人興起「欸乃一聲過小橋」的思古幽情。

水都近江八幡

近江八幡還有一個聞名古剎「日牟禮八幡宮」，千年以來即鎮守於此，為「近江商人」的信仰中心。參天古木圍繞著莊嚴佇立的神殿，靜寂地守護著萬民。八幡宮旁有登山纜車，可以登頂俯瞰琵琶湖風光。近江八幡也是著名「近江牛」的產地，近江牛屬於黑毛和牛種，據說是日本歷史最久的肉用牛，與三重縣的「松阪牛」、兵庫縣的「神戶牛」（但馬牛）並稱日本的三大和牛。

琵琶湖占滋賀縣約六分之一面積，為日本最大淡水湖。相較於靜岡浜名湖稱為「遠江」，此地因鄰近京畿地，故稱為「近江」。琵琶湖也是扼守京畿與北陸的水上要道，遠在戰國時代，織田信長、明智光秀、豐臣秀吉等，都曾在此築城，自古以來即有「得琵琶湖者，得天下」之流傳。

赤色彥根城

七月十五日（週一連休日）：琵琶湖之旅的最後一天行程。天晴、萬里無雲。我們下榻的旅館，緊臨著彥根城的護城河。從房間落地窗望出去，雄偉的天守閣就聳立眼前。在吃完旅館豐盛的日式早餐後，緩步往城堡方向散步過去，為的是要享受清早寧靜又清新的彥根古城。

彥根城又名金龜城，位於琵琶湖東側，是由號稱「德川四天王」之一的井伊直政規劃的。目前是日本五大國寶城當中，僅存的四座木造城堡之一。

井伊直政是德川家康帳前猛將，驍勇善戰、軍紀嚴明，頭戴紅色盔甲，人稱「赤夜叉」。直政在關原戰役受槍彈傷後不久，破傷風去逝，年僅四十二歲。

一六〇三年，嫡子井伊直勝繼位，著手建造彥根城。直勝巧妙運用地形築城，打造天守閣及天秤櫓，引琵琶湖水開鑿護城河，總計耗時二十年始完成。

提到彥根城，不免聯想到彥根藩十五代藩主井伊直弼。江戶幕府後期，在幕府大老井伊直弼的強勢主導下，與美國簽下不平等條約《日美通商條約》，結束了日本長達兩百多年的鎖國。

井伊直弼還發動「安政大獄」，捕殺以吉田松陰為首的眾多倒幕志士，並與篤姬共謀推舉十四代將軍家茂，此舉得罪當時力挺德川慶喜的水戶藩。最後，直弼在江戶城櫻田門外，遭水戶藩浪士刺殺身亡，史稱「櫻田門之變」。

彥根城坐落在小山丘上，白亞的天守閣、雙箭樓（天秤櫓）及太鼓門箭樓，是彥根城的一大特色。四周護城河堤上，種植伊呂波（いろは）松，以及各式櫻花樹，春天是絕佳的賞櫻名所，彥根古城被選為「琵琶湖八景」之一，誠然名符其實。

彥根古城（琵琶湖八景）

靜岡鐵道之旅

大井川鐵道

縱貫靜岡南北的大井川鐵道，由大井川本線與井川線這兩線所組成的。起點金谷，中途點千頭，終點井川，是屬於山岳鐵道，全長約六十五公里。

這一條鐵道，以每天定時運行SL蒸汽火車，以及南阿爾卑斯Abt式列車而聞名。在最近日本的「地方鐵道線」喜好度調查中，甫獲評為最受歡迎的地方鐵道路線的首選。

大井川本線的SL蒸汽火車，行駛於金谷至千頭之間。運氣好的話，還可以碰上深受孩童喜愛的湯瑪士列車。為配合前往寸又峽溫泉的巴士，我們選擇一般SL列車。

從金谷站搭上列車，車廂內盡是復古陳設，琳琅滿目，彷彿進入時光隧道。列車穿過原野、越過溪谷、山洞，煙囪冒起縷縷黑煙，汽笛嗚嗚作響，頓時整個車廂瀰漫著煤煙味，鄉愁竟油然而起。

就在此時，身穿鐵道制服的隨車大叔，突然從口袋裡掏出口琴，即興吹奏起童謠，旅客們則以熱情掌聲呼應。原來這是ＳＬ列車精心安排的橋段，當然，也成了大井川本線鐵道特有迷人的風物詩。

列車搖晃了一個多小時，午後抵達千頭。月台邊幾輛湯瑪士小火車早已一字排開，歡迎我們的到訪。週末是湯瑪士親子園遊活動，車站廣場萬頭攢動，熱鬧滾滾。

為順利銜接下一段旅程的安排，我們就只在千頭附近景點參訪，下午三點半搭巴士往寸又峽溫泉方面出發。今晚入住的「翠紅苑」旅館，據說是大井川本線沿線少有的名湯旅館。從千頭搭巴士須費時四十分鐘，路途雖然有點遠，但內心充滿著期待。

翠紅苑（寸又峽溫泉）

奧大井車站（大井川鐵道）

寸又峽溫泉

鐵道之旅第二天。我們從寸又峽溫泉的「翠紅苑」旅館出發，直接由大井川鐵道井川線的奧泉搭上Abt式（齒軌鐵路，可增強爬坡力）列車，往「奧大井湖上」站及鐵道終點的「井川」站賞景。

與大井川本線景緻不同，井川線這一段全是山岳地帶，沿途經過多處的山洞及水庫，高山、峽谷，氣勢磅礴。這裡可是日本阿爾卑斯山脈南端的玄關口。

我們在奧大井湖上站下車。奧大井湖上站是蓋在長島水庫中的孤島型車站，左右以兩座朱紅鐵橋相連結，名為「彩虹橋」，也是一般季節賞櫻、賞楓的名所。

當初不曉得是哪位天才的發想，在月台上的一角，設了一座「幸福鐘」及「戀愛鎖」，吸引遊客來此祕境一遊。後經口耳相傳而爆紅，目前已成為一些追逐時尚的年輕愛侶打卡，甚至也是婚紗拍照的聖地。

繼續搭車前往終點站井川，這裡是日本南阿爾卑斯山的登山口處，可以搭船遊湖或在附近的廢鐵道沿線散步。我們趁著空檔時間，在滿溢芬多精的林間散步，享受一個多鐘頭的森林浴後，在車站附設的小賣店，簡單吃點日式黑輪、烤物果腹，準備下一班列車直奔千頭轉回金谷。

井川站是迷你車站，在候車時，發現牆壁上吊著一幅台灣「阿里山林業鐵路」宣傳照片，上面還附上台、日兩國國旗標誌。原來大井川鐵道於一九八六年與嘉義的阿里山林業鐵路締結為姊妹鐵道，與有榮焉！

你知道嗎？

日本阿爾卑斯山脈又稱中部山嶽。十九世紀末，來日旅遊的英國工程師威廉，在登上飛驒山脈時，驚覺此地類似歐洲的阿爾卑斯山，故命名之。日本阿爾卑斯山脈分為：北阿爾卑斯（飛驒山脈）、中阿爾卑斯（木曾山脈）及南阿爾卑斯（赤石山脈）。

50
20

關東甲信越趴趴GO

栃木小江戶

在同事推薦下，第一次購買ＪＲ關東廣域「三天趴趴GO」周遊券，趁著「黃金週」連休，來一次鐵道自由行。配合新幹線及在來線的鐵道路線、限定範圍，這次規劃住宿於群馬縣的高崎市，以高崎為行動基點。

五月三日清早。東京車站已擠滿出遊人潮，只好放棄新幹線，搭普通列車去小山轉兩毛線，先造訪栃木。一踏出栃木站北口，映入眼簾的是山本有三紀念碑。原來山本有三出生於此，生家現已改成「山本有三鄉里紀念館」，就在站前這條「藏の街」大道上。

旅途中的意外發現，往往讓行程增添一點浪漫。我們很興奮地前往鄉里紀念館一窺究竟。二層樓的房舍，展示著山本小說集與部分原稿、居家照片、生前愛用品等，可說是琳琅滿目。館內值勤的老婦人，知道我是外國人竟然懂得山本有三，對我格外親切，還送了山本有三的資料小冊。

山本有三既是文學家也是政治家，曾當過貴族院及參議院議員。他的成名作品『路傍の石』，描述一位窮苦出身的青年面對困境，奮勇向上，堅忍不拔，終於出人頭地的勵志小說，充滿了陽光的正能量。

離開紀念館，接著在「藏の街」大道悠閒散步。整條街還保存著部份倉庫型老屋敷。因為利根川及巴波川的關係，江戶時代這裡漕運發達，是貨物集散地，倉庫特別多。在大道的分岔處，還有聞名的「日光例幣使街道」宿場町，可想像出當時的榮景。

「日光例幣使街道」是朝廷於每年春天派遣敕使，押運天皇所賜金幣，赴日光東照宮祭祀德川家康所使用的道路。在街道入口處豎有石柱，以資紀念。

在路人的指引下，順便逛逛巴波川幸來橋的「鯉のぼり祭」，只見河面架著一排排迎風搖曳的錦鯉旗幟，煞是壯觀。正好幾艘載著遊客的小船，在旗幟

（上）巴波川河道　（下）日光例幣使街道

下悠然盪過，時而傳來船家清脆悅耳的民謠吟唱，讓人彷彿置身江戶時代的浪漫風情。

也許個人觀點及觀察角度不同，比起川越小江戶或佐原小江戶，栃木小江戶對我而言，似乎更具歷史地位與文學的價值。

小諸懷古園

趴趴GO第二天。在下榻的旅館，吃完早餐後，從高崎搭北陸新幹線はくたか（白鷹）號於佐久平站轉ＪＲ小海線鐵道（一般暱稱：八ヶ岳高原線）。今天將挑戰三個景點：小諸（長野）、野辺山及清里（山梨）。

小諸城原為武田信玄軍師山本勘助的地盤。豐臣秀吉統一天下後，命仙石秀久為城主，才完成整個築城規模。仙石在第二次上田合戰（後來演變成關原之戰），支援德川秀忠在此戰事整備。目前園內尚保存有「德川秀忠公在此休憩」的紀念碑石。

小諸城又名鍋蓋城、穴城、醉月城，是低地城。從城下町可一覽整座城池。不過，小諸城充分運用錯綜的溝渠，形成易守難攻的天然憑障，被列為「日本百名城」之一。明治廢藩置縣，由於小諸城的本丸舊跡闢建為「懷古神社」祭祀，故名「懷古園」。

目前懷古園內，有列入國家重要文化財的「三の門」及島崎藤村紀念館、鄉土博物館及動物園等。其中「三の門」懸掛德川家第十六代德川家達親筆之「懷古園」匾額。據說，家達討厭被稱為「十六代」，自認是明治以後新德川家的第一代。

至於島崎藤村曾於明治卅二年，在「小諸義塾」擔任教師並娶妻生子。藤村融入現地生活，深受當地自然風光與傳統產業、質樸民風影響，將他的文學帶入新的境界，也奠定了藤村文學的基礎。

佇足「懷古園」一角的斷崖處涼亭稍事休息，清風徐來、心情十分舒暢，眼前連綿翠綠的山丘，簇擁著清澈而流長的千曲川，恍若遺世的祕境桃花源，難怪信濃人一直以淺間山的俊秀及千曲川的清流為傲。

（上）小諸城（懷古園）　（下）島崎藤村紀念館

參觀「懷古園」及小諸城下町街道後，已是正午時分，飢腸轆轆，就在「北國街道」本町的小麵館，點了一碗傳統的信州手打蕎麥麵，清湯掛麵頗為樸素單調，也沒任何負擔。付完帳返回車站，繼續朝野辺山及清里邁進。

你知道嗎？

JR小海線起點山梨縣北杜市（小淵沢站），終點長野縣小諸市（小諸站），全長七八．九公里。

一半的藍天

日本ＮＨＫ電視台於二〇一八年四月，開播一齣晨間劇『半分、青い』，這是改編自「戀愛劇之神」北川悅吏子原創的小說。為凸顯年輕、清新的浪漫愛情故事，ＮＨＫ特地挑選佐藤健及永野芽郁二人，分別擔綱男女主角。

女主角楡野鈴愛，出生東信濃的一家小飯館，小學時一邊耳朵失聰，幸好她個性活潑，加上雙親呵護備至，以及同日出生的青梅竹馬萩尾律陪伴，度過天真快樂的童年。

鈴愛喜歡畫圖，高中畢業上東京，嚮往成為漫畫家。期間結婚生子、離婚，成了單親媽媽，畫家夢碎，不得已返回故鄉。其後，靠著堅強的毅力、樂觀的態度、豐富的想像力以及活潑大膽的個性，投入電器製造業，在當時的家電製品業界，闖出了一片天。

而青梅竹馬的萩尾律，則屬認真、不擅社交的理論派技術家，也嘗過一次婚姻的失敗。他與鈴愛兩人保持著約半世紀若即若離的關係，因為鈴愛鑽研創造電風扇的機緣，讓兩人成為實質伴侶，劃下完美的結局。

半分、青い。或許可以譯為「一半的藍天」吧？鈴愛從小耳朵一半失聰，結婚後又不幸離婚，阿律也歷經離婚，孤獨一個人。青梅竹馬的兩人，原都只有一半的幸福，但終於有圓滿的結局，總算出現藍天。我想劇作家北川女士想表達的，是如此的意涵吧！

明知鐵道（惠那－岩村）

本劇背景選定在風光明媚的岐阜東美濃，主場為惠那市的岩村町。從名古屋搭東海道中央本線至惠那，再從惠那轉明知鐵道即可抵岩村。這裡是戰國時代著名的岩村城（又稱：霧之城）城下町，目前仍保存著舊城鎮的風貌。

岩村的街道風光仍保留舊城風貌

岐阜自古以來區分為北飛驒、南美濃，直到一八七六年才統併為岐阜縣。江戶時代此地曾是中山道的要衝，現今還可以看得出來當時繁盛的風貌。隨著『半分、青い』晨間劇的開播，相信會再次帶動美濃的觀光熱潮。我們這一次千里迢迢走訪岩村，就是受『半分、青い』召喚來的。

日光杉林街道

記憶中，已經二十幾年沒重遊日光。最近迷上了「古街道」的懷舊風情，趁著日本「黃金週」連休假期，揹起簡單行囊，來一趟「日光街道」的巡禮。

日光街道（日本橋－日光）是江戶時代修築的「五街道」之一。由於德川家康葬於日光「東照宮」，日光街道就是幕府家為參拜「東照宮」所整備的一條街道，有其特殊的意義存在。

一般旅客遊日光，大都選擇東照宮、中禪寺湖及華嚴瀑布等景點，這次我選擇被列入「金氏紀錄」最長的日光杉林步道（約一萬二千棵巨杉，總長卅七公里），來印證一下世界紀錄。

日光杉木林街道是由日光街道、例幣使街道、會津西街道等三條大道組成的。這是德川幕府家臣松平正綱、正信父子，自一六二五年起歷經二代廿三年

日光杉林參道（例幣使街道）

所栽植，為目前日本引以為傲的文化遺產。

綿延卅七公里的杉木林步道，不可能一次走完，我選擇ＪＲ日光線的今市站周邊。今市是江戶時代的宿場町，前述三條大道在今市的「追分地藏尊」合流後，直達日光。

順著杉木林街道前行，只見黃土步道兩旁，筆直的古杉木群，高聳參天不見盡頭，氣勢雄偉磅礴，真令人讚嘆與折服。在林道間悠然漫步，氣淑風和，無車馬之喧囂，恍如絕世而獨立。

中午，我們在杉木林公園旁一間民宅改造的「報德庵」蕎麥麵館，一面欣賞世界水車，一面享受手打蕎麥麵，味道清淡爽口，回甘無窮。「報德庵」名稱由來，是為紀念江戶末期思想家及農政幕臣的二宮尊德（又名金次郎）。

由於颱風、自然災害、杉木老化及周邊開發等原因，日光杉木林街道的杉林，有逐年減少趨勢，日本政府已開始擔心，此珍貴的文化遺產還能保存多久。

反觀，每年二至四月是「花粉症」大舉來襲時期，其實杉樹正是花粉症的元凶，或許這也著實讓一般人對杉木林的存廢，陷入兩難吧？

來去阿信的故鄉

山形位於日本東北地方的西南部，與新潟、秋田、宮城及福島接壤。面臨日本海，全境85%為山地，號稱日本三大急流之一的最上川，流經全縣中央。一九九二年山形新幹線通車後，從東京直達山形不超過三小時。

我們搭山形新幹線在中午抵山形後，直奔藏王樹冰。搭纜車直上山頂，氣溫零下四度，冷到心脾，但不減遊興。有人說樹冰像雪怪，我覺得像雪地裡的兵馬俑，氣勢雄偉，是世界少見的自然奇觀。坐落在山頂的地藏王菩薩石像被豪雪覆蓋，只露出頭部，無從得知原來的尊容。

我曾經跟同事一起來過藏王，此次是帶家人來實際體驗藏王的樹冰奇觀。山形的藏王連峰屬奧羽山脈的一部分，橫跨山形與宮城交界，高山帶遍植大白葉冷杉，每年冬天從西伯利亞吹來的溼冷空氣，在迎風面的杉林樹上，凝結成

藏王樹冰

白雪與冰霜，創造出數以萬計的「雪怪」自然奇觀。

我們今天投宿的藏王「大宮」旅館，它是大正、昭和年代復古風旅店，湯屋不太，鄉土料理雖然普通，但陶燒的山形牛確實美味。正值藏王滑雪旺季，我們是臨時起意，沒有提早訂房，只能將就一晚。準備隔天一早趕往山形參訪山形城。

山形城又名霞城（Kajo），日本名城百選之一。這是戰國時期，初代山形城主最上義光的居城。明治時代的廢藩置縣後廢城，原址改建為霞城城址公園，僅保存當時一之丸及二之丸部分的城門遺址。二之丸城門旁，豎立著最上義光手持長槍騎馬英姿的銅像。

霞城城址公園的周圍種植約一千株以上、樹齡超過百年的染井吉野櫻，為山形市著名的賞櫻名所。此地最特殊的景觀是，沿著城牆入口及護

藏王大宮旅館

城河邊，正好是電車軌道。每當列車經過時，古城與電車輝映，呈現一幅古調與現代混搭風的圖畫，別有一番情趣。

我們在霞城附近的公園大道，無意間發現一家「佐五郎」和風肉料理店，標榜著專賣山形黑毛和牛。山形的牛肉相當有名，尤其米澤牛可以說遠近聞名。值中午時刻，飢腸轆轆，就在此淺嚐山形和牛，滿足胃蕾兼補充體力，準備往宮城縣的松島移動。

加賀百萬石物語

富山、石川、福井三縣位於本州中部，面日本海。在古代五畿七道制中，此地屬北陸道，一般稱北陸地方。江戶時代北陸道七個藩，若狹、越前（以上福井）、加賀、能登（以上石川）、越中（富山），其中以加賀藩勢力最龐大。

加賀藩始祖前田利家，最早從廿一萬石的能登藩發跡。豐臣秀吉統一天下後，前田利家投靠豐臣，屢建戰功，受封能登、加賀及越中，俸祿逐步增高，為「加賀百萬石藩」的成形奠下基礎。

一六〇〇年關原之戰，加賀二代藩主利長，投靠德川陣營。豐臣氏被滅後，利長受封加賀、能登及越中，一躍成為一〇二萬石大名。在當時全國近三百個藩中，德川御三家最多只領到三十五至六十五萬石，加賀藩受封「百萬石」獨傲群雄。

由於加賀藩勢力龐大，一度引起德川家康不安，乃以利長企謀造反為藉口，打算出兵征討。利長母親お松（阿松，利家的正室），親赴江戶當人質，總算獲得家康安心，維繫了加賀藩存活命脈，一直到幕末。

從金澤車站出來，往金澤城方向步行約十五分鐘，可以看到一座以磚石與木頭建造，和漢洋混搭成獨樹一格的三層牌樓，頂樓裝設西洋的彩繪玻璃，頗吸引遊客的目光。

這裡就是祭祀開藩始祖前田利家、正室阿松及歷代加賀藩主的「尾山神社」，現列入日本的重要文化財。尾山神社就位於金澤市區最繁華的「香林坊」商店街旁，也是二〇〇二年日本ＮＨＫ「利家與阿松」大河劇故事舞台，創下極高的收視率。

我們在深秋的十一月中造訪金澤，先搭車直驅「兼六園」欣賞庭園美景後，再漫步走來「尾山神社」。一踏入社境，立即感受到神社的莊嚴肅穆。尤其，清幽古樸的社殿、庭園的小橋、流水，恰與層層的楓紅相映成趣，讓人頓發思古之情。

（上）前田利家雕像　（下）尾山神社

解密白旗神社

白旗神社。很特別的名字吧？從小田急鐵道「江之島線」的藤沢本町站下車，穿過商店街約八分鐘的路程，可以找到白旗神社。閱讀神社前導覽板內容，才知道這裡是供奉平安時代英雄——源義經的神社。

相傳源義經因功高震主，其兄源頼朝頗為忌憚，源頼朝創建幕府後，為鞏固自身權位，派兵四處討伐義經勢力，義經輾轉北逃奧州，最後兵敗自戕於東北的奥州。義經首級被砍下送回鎌倉，經幕府確認後棄於河中漂流至藤沢，當地鄉民清洗義經首級，建造「白旗神社」以慰靈祭祀。

長達六年之久的「源平合戰」，源頼朝靠著弟弟義經的協助，滅了平家，建立鎌倉幕府。但生性多疑的源頼朝，為了維繫政權穩固，不惜追殺同胞兄弟源義經，再次證明政治的泯滅人性與「兔死狗烹」的悲慘宿命。

有一年富山旅遊，途經富山灣「雨晴海岸」時，在鐵道旁土丘上，發現直接以義經為名的「義經（神）社」。查看史料才知，當年義經北逃奧州，在路過富山灣岸，遭逢連日大雨阻斷進路，只能駐足等待天晴後繼續北上，故名「雨晴海岸」。從富山灣的雨晴海岸，眺望對面雲霧環繞的立山連峰，簡直美之極致，難怪富山灣被譽為世界最美麗海灣之一。

話說回來，藤澤的義經廟，為何稱作白旗神社？查證史料，源於平安時代發生的「源平合戰」。對戰的雙方：平家（平清盛）軍隊使用紅色軍旗，源家（源賴朝）軍隊則使用白色軍旗。雙方紅白旗幟鮮明，勢均力敵。

從一些稗官野史得知，「源平合戰」似乎對後世日本的社會影響深遠。諸如：小學的運動會，將全校區分紅、白兩組，進行各項對抗賽事；甚至每年歲末年終，已形成慣例的「NHK紅白歌合戰」，紅、白兩組歌手對抗表演，或許都起源於此吧？

此外，一般認知上，大家似乎都偏愛紅色，且偏向應援紅色的一方；但印證「源平合戰」的歷史，贏的卻是掛著白色軍旗的源家軍隊，這顛覆了我的想法。

（左）神奈川縣白旗神社　（右）富山灣「雨晴海岸」的義經社

秋遊高尾山

位於東京都西邊五十公里處的高尾山，自古以來，是一直受到民眾信仰及禮敬的靈山。山標高五九九公尺，一九七六年被指定為「明治之森高尾國定公園」。

高尾山受惠於交通便利，每年約有二百多萬遊客前來，登山人數世界第一。高尾山以紅葉、杉林聞名，花鳥草木種類豐富，堪稱大自然的寶庫，也是一般民眾休憩、親山活動的主要場所之一。

高尾山頂的「藥王院」供奉著「飯繩大権現」及「藥師如來」。尤其，藥王院本堂兩側，高懸一紅一青的巨型天狗面具，源於「高尾山住著天狗」的傳說，代代流傳。

據說「飯繩大權現」是戰國時代的守護神，「越後之龍」上杉謙信、「甲斐之虎」武田信玄，都曾親來禮佛膜拜。在江戶時代，更是受到德川家康的崇敬。

在高尾山峰頂的廣場中央，豎立著「十三州大見晴台」石柱，石柱周圍幾株楓紅，眾多遊客席地賞楓、野餐，熱鬧滾滾。站在見晴台（觀景台），試圖尋找富士山蹤影，無奈遠山霧氣籠罩，始終未見富士現身。

上面所稱「十三州」大見晴台的「十三州」，指的是古代關八州（關東地區：武藏、上總、下總、上野、下野、安房、常陸、相模），以及甲斐、信濃、越後及駿河、伊豆等五州。亦即，從大觀景台可以眺望整個關東地區，甚至擴及山梨、長野、新潟及伊豆半島，可見其視野之開闊。

高尾山計有六條的登山步道。我們從山麓搭纜車（lift）至山腰終點站下車。選擇最輕鬆的一號登山步道拾級而上，短短三十分鐘順利登頂。離「紅葉狩り」（賞楓）的季節稍早，未能飽覽滿山楓紅。尤其假日人潮雜沓，破壞了靈山的莊嚴肅靜，實為美中不足。

神的國度——出雲大社

島根縣的「出雲」這個帶有神祕及詩意的地名，在日本令制（道州制）時代，隸屬於山陰道的出雲國。自古以來，傳說有諸多的神靈居於此地。

十幾年前的年假，我曾背著簡單行囊，一個人踏訪山陰各地名勝古蹟。從東京飛抵小松機場後，先前往以石柱群山岩峭壁著稱的「東尋坊」觀景，再搭鐵道沿著日本海一路南下，經氣比松原、天之橋立、城崎溫泉、鳥取沙丘。五天四夜的山陰鐵道之旅，正好在元旦清晨風雪之中，抵達山陰鐵道之旅的終點——出雲大社。

出雲大社位於島根縣的出雲市，社內祭祀大國主大神，是一座年代久遠的神社。日本舊曆十月稱為「神無月」，據說，這個月眾神都會集結於出雲大社開會，討論神界的諸大事，所以此時節全國各地皆處於「神無月」狀態，只有出雲的十月是「神在月」。

出雲大社是政府指定的國寶古蹟，擁有規模宏大的古殿建築，莊嚴肅穆，以求姻緣及謀職聞名，每年吸引六百萬善眾前來參拜，祈求好姻緣，一般稱「縁結びの神様（結姻緣之神）」。社殿前懸掛著重達約五公噸的大型「注連繩」，可以說是出雲大社特有的註冊商標。

為了讓全國各地的人都可與出雲大社結緣祈福，出雲大社在北海道、東北、關東、關西及中國、四國等地區，設有

出雲大社東京六本木分祠

分祠。東京地區的分祠在六本木的巷道內，離地鐵站步行約三分鐘，不曉得什麼原因，似乎感覺不到信眾參拜的人潮。日本各地神社的禮拜方法不一，出雲大社採二拜、四拍手後再一拜的禮法。至於一般神社則採二拜、二拍手、一拜的禮法。

附帶一筆，出雲蕎麥麵是日本三大蕎麥麵產地之一，建議可以在出雲大社前的商店街，試試「割子」蕎麥麵。朱紅色的漆碗中，盛裝著不同佐料的蕎麥麵，直接將醬汁倒入漆碗，吃起來清涼有勁、風味極為特殊。

伊豆山神社

在離ＪＲ熱海車站東北約一點五公里處的伊豆山上，有一座歷史悠久的伊豆山神社。站在神社境內可遠眺相模灣，正殿前的手水舍安置著赤龍、白龍二尊的溫泉守護神。而延續八三七個階梯的神社參道下方，則有罕見的「橫穴式」溫泉源頭「走湯」洞窟。

我們此次的熱海溫泉之旅，投宿在前臨相模灣、背靠伊豆山的「新相模屋」旅館。在早湯及早餐後，先去旅館後山的橫穴式「走湯」洞窟，體驗一下高溫霧茫茫、轟隆作響的溫泉源頭洞窟後，再循著左側八三七階的石梯參道，一鼓作氣攻上「伊豆山神社」正殿。

溫泉湧出口（走湯）

伊豆山神社正殿

伊豆山神社與鎌倉幕府的創建者源賴朝，以及其正室北條政子淵源頗深。賴朝早年曾被朝廷流放伊豆，而與伊豆豪族女兒北條政子相戀。北條家擔心惹惱朝廷，刻意安排政子下嫁他人。政子逃婚與賴朝相約赴伊豆山神社廝守，最後北條家族迫於無奈，答應兩人婚事。

北條政子靠著娘家，協助賴朝經營關東勢力，進而取得天下，創建了鎌倉幕府。政子是妒性超強的女人，把可能威脅正室地位的賴朝身旁女人及所生孩子，一一鏟除，以至於源家後代人丁單薄。賴朝五十四歲意外落馬身亡，政子削髮為尼、垂簾聽政，世人稱為「尼將軍」。

北條政子掌握鎌倉幕府實權十餘年，並於六十八歲辭世。鎌倉史書《吾妻鏡》將北條政子譽為中國漢朝的呂后再世，給政子極高評價。恐怕政子也是自古以來，日本女性政治人物中知名度最高的一位。世人一提到鎌倉幕府時代，大都先想到源義經（源賴朝異母弟，因功高震主遭賴朝誅殺）及北條政子，反而甚少提到幕府開府始祖的源賴朝。源賴朝若地下有知，應該感到十分扼腕吧？

十返舍一九

去年春天，從中山道（木曾街道）的馬籠宿徒步前往妻籠宿途中，在走進偏僻村落的路旁櫻花樹下，發現一座石碑，上面刻著：十返舍一九狂歌碑。

渉皮のむけし女は見えねども栗のこはめしここの名物

簡譯：雖未見到剝澀栗子的女人*，但栗子糯米飯，堪稱此地著名美食。

（雙關語：指沒遇見清新脫俗的美人）

旅行回來後，查看資料，才知道「十返舍一九」是作者筆名。十返舍一九本名重田貞一，生於靜岡駿府城，為江戶時代的一位作家及浮世繪師。

十返舍一九曾出版一本《東海道中膝栗毛》滑稽小說，受到世人矚目。栗

駿府城

十返舎一九狂歌碑

毛是指花栗色馬，膝是雙腳，也就是以雙腳代替騎馬，走遍東海道的意思。

《東海道中膝栗毛》描述，江戶八丁堀住民彌次郎兵衛與友人喜多八，二人徒步經由東海道，在前往伊勢神宮、京都、大阪途中，所發生的一些滑稽笑談。

或許十返舍一九是效法松尾芭蕉的《奧之細道》之旅，不過規模小了一些。此外，松尾芭蕉將旅途見聞，以俳句詩集表現出來，而十返舍一九則以「滑稽小說」文本的方式創作，兩者之間大有不同。

日前在駿府城護城河邊，驚喜發現《東海道中膝栗毛》書中的主角彌次與喜多兩尊塑像，立牌標示「府中　彌次喜多像」。足見十返舍一九是靜岡人引以為傲的人物。

重田貞一為何用「十返舍一九」的特殊筆名?原來重田精通「香道」，尤其喜歡一種名為「黃熱香」的線香，「黃熱香」即使點過十次，仍不失其香味，故亦稱「十返之香」。而「一九」則來自其幼名「市九」(與「一九」同音)。

不如歸

清早，跳上JR橫須賀線列車，雖逢「黃金週」三連休，人潮並沒有想像中的擁擠。列車約莫行駛一小時就到逗子。步出車站，在站前導遊義工指點下，很快就循線找到逗子海岸的「不如歸」文學碑。這是今天來逗子的主要目的。

《不如歸》是明治大文豪德富蘆花成名的小說。這個文學紀念碑，是建造在逗子海邊離岸三十公尺的岩礁上。退潮時，可以走過岩礁去紀念碑，漲潮時，只能站在岸邊遠觀拍照。今天時間選對，運氣真是不錯。

《不如歸》這部小說，描寫明治時代被封建制度壓迫下的家庭悲劇，女主角片岡浪子面對冷淡的繼母、個性乖戾的婆婆，勉強與軍人丈夫川島武男過著幸福的生活。日清戰爭爆發，武男赴前線作戰，浪子因結核病被強迫離婚，最後在極度思慕丈夫中，抑鬱而終。

德富蘆花的《不如歸》可說是近代日本文學巨作，小說曾再版一百餘次，譯成中、英、德、俄等國文字，堪稱是世界文學中的傑作。

據說，蘆花是在逗子的「柳屋」旅館寫下《不如歸》這部曠世巨作，因此當地人就在逗子海灘建造「不如歸」石碑以為紀念。至於隔著灣岸道路對面相望的「浪子不動高養寺」，則是因《不如歸》的女主角片岡浪子而命名。

今天適逢連休，天氣晴朗、海水平靜，岩灘上一些遊客赤著腳撿拾貝殼與戲水，時而走過「不如歸」文學碑。不曉得是否有遊客知道，這一座經年遭海浪拍打，在岩灘上孤寂獨立的石碑，背後隱藏著偉大而浪漫的傳世文學故事。

浪子不動高養寺

不如歸文學碑

釀旅人58　PE0228

東瀛萬花筒

作　　者	顏　帥
責任編輯	邱意珺、鄭伊庭
圖文排版	陳彥妏
封面設計	嚴若綾

出版策劃	釀出版
製作發行	秀威資訊科技股份有限公司 114 台北市內湖區瑞光路76巷65號1樓 電話：+886-2-2796-3638　傳真：+886-2-2796-1377 服務信箱：service@showwe.com.tw http://www.showwe.com.tw
郵政劃撥	19563868　戶名：秀威資訊科技股份有限公司
展售門市	國家書店【松江門市】 104 台北市中山區松江路209號1樓 電話：+886-2-2518-0207　傳真：+886-2-2518-0778
網路訂購	秀威網路書店：https://store.showwe.tw 國家網路書店：https://www.govbooks.com.tw
法律顧問	毛國樑　律師
總 經 銷	聯合發行股份有限公司 231新北市新店區寶橋路235巷6弄6號4F 電話：+886-2-2917-8022　傳真：+886-2-2915-6275

出版日期	2025年4月　BOD一版
定　　價	450元

讀者回函卡

Printed in Taiwan

國家圖書館出版品預行編目

東瀛萬花筒/顏帥著. -- 一版. -- 臺北市 : 釀出版,
2025.04
面；　公分. -- (釀旅人 ; 58)
BOD版
ISBN 978-626-412-062-3(平裝)

1.CST: 遊記　2.CST: 日本

731.9　　114001213